NCS 능력 중심 채용을 위한
직업기초능력평가 길라잡이

NCS
능력 중심 채용을 위한

직업기초능력평가
길라잡이

노국향 | 최인화 지음

한국경제신문

머리말

능력 중심 채용 방안이 도입되면서부터 직업기초능력평가에 대한 사회적 관심이 높아지고 있다. 채용 과정에서 인적성 검사 대신 직업기초능력평가를 사용한다는 것은 구직자뿐 아니라 채용기관, 학교 등 사회 전반에 걸친 큰 변화가 아닐 수 없다. 특정 기관용 직업기초능력평가 대비 문제집이 발간되고, 직업기초능력을 인증하는 평가를 시행하는 기관도 생겨나고 있다.

올해 들어 필자는 NCS 관련 채용 설명회와 포럼, 강의 등을 통해 취업준비생들과 공기업 채용 담당자들을 만날 기회가 많았다. 강의가 끝나면 예외 없이 직업기초능력평가에 대한 질문들이 쏟아졌다. 그들의 질문에 답을 하면서 가이드북과 학습모듈만으로는 채워지지 않는 궁금증을 채워줄 길라잡이가 있으면 좋겠다는 생각을 했다.

필자가 의도한 직업기초능력평가 길라잡이는 직업기초능력평가에서 높은 점수를 얻는 방법을 알려주기보다는 직업기초능력이 왜 필요한지를 직무에서 맞닥뜨릴 법한 문제를 통해 알려주는 것이다. 책의 서두에 우리 주변에서 만날 수 있는 직무자들의 하루 일과를 소개한 것도 바로 이러한 이유에서다. 취업준비생들에게 직업기초능력에 관한 이론이나 학습 자료보다는 문항에 대한 요구가 크다는 점을 고려해 이 책에서는 단원별로 예시 문항을 제공했다.

공기업을 비롯한 채용기관들이 직업기초능력평가의 취지에 대해 공감을 하면서도 무엇을 어떻게 평가해야 하는지를 몰라서 도입이나 시행과정에서 어려움을 겪고 있다. 이 책에서 직무의 대상, 목적 그리고 직무해결 방법의 삼원 구조를 소개한 것은 채용기관이 직업기초능력평가를 개발할 때 참고할 수 있는 핵심요소들을 안내하기 위함이다.

우리는 현재 직업기초능력평가를 도입하는 문턱에 서 있다. 직업기초능력은 모든 직무자가 갖춰야 할 기본적인 능력이다. 이러한 능력은 학교 교육, 동아리 활동, 현장 실습, 아르바이트 경험을 통해 자연스럽게 갖춰지는 것이지 한두 권의 책을 공부해 취득할 수 있는 또 하나의 스펙이 되어서는 안 될 것이다. 직업기초능력평가 역시 이러한 관점에서 개발되고 시행되어야 할 것이다.

이 책이 직업기초능력을 어떻게 개발하고 그 결과를 어떻게 활용할 것인가에 대한 사회적 논의와 협업을 시작하는 작은 날갯짓이 되기를 희망한다. 마지막으로 이 책이 만들어지기까지 아이디어로, 정책으로, 직무 현장의 에피소드로, 문항으로 함께해준 여러분께 깊은 감사를 드린다.

2015년 10월
노국향

| 차례 |

직장인에게 필요한 능력

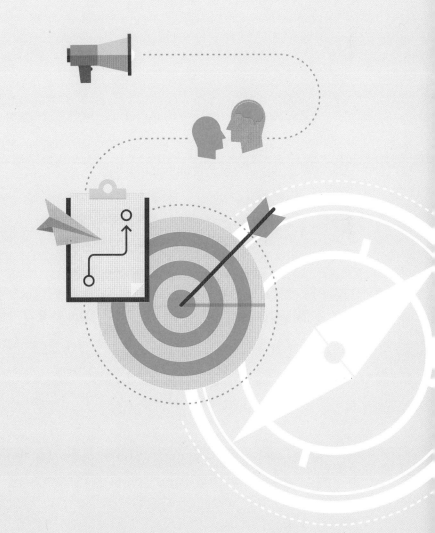

직장인의 하루 일과
들여다보기

최근 경제 사정이 악화됨에 따라 취업의 문은 더욱 좁아졌다. 경쟁이 더 치열해졌다는 얘기다. 국내 모 그룹 채용에는 십만 명을 넘는 지원자가 몰린다. 그만큼 취업을 위한 전략은 실로 다양하고 절실할 수밖에 없다.

그런데 우리는 제대로 상황을 파악하고 이러한 절실한 노력을 기울이는 걸까? 꿈에 그리던 직장에 들어가 내가 어떤 일을 맡을지 미리 알게 된다고 가정해보자. 그래도 지금처럼 모 회사 필기전형 자습서에 동그라미를 그어가며 문제를 익히는 게 최상의 전략일까?

일을 하는 데 필요한 능력을 얘기하기 전에 먼저 우리 주변에 있는 직장인 네 사람의 생활을 들여다보기로 하자.

1. 은행원 A의 하루

8년차 은행원 A는 출근하자마자 습관처럼 이메일부터 확인한다. 밤사이 들어온 이메일의 대부분은 고객들이 보내온 인사 메일이나 알림 메일들. 인사치레의 메일들에 대해서는 그 즉시 답장을 보낸다.

그녀는 업무일지를 펴고 고객의 원금 상환일 등이 적힌 기일관리내역을 본다. 원금 상환일이 2주 후인 개인 고객이 세 명이고 기업 고객이 한 명이다. 원금 상환일이 오늘인 고객도 있다. 일단 이 고객들의 명단을 정리해둔다.

부서 회의에 들어가기 전에 커피 한잔할 시간이 있다. 회의에서는 동료 그리고 후배 직원들과 함께 오늘 일정을 체크한다. 오늘은 월말이 아니어서 공과금 납부가 많지 않을 것 같다. 오늘의 업무는 비교적 평이하게 진행되리라.

오늘은 화요일, 은행 신상품에 대한 교육이 있는 날이다. 신상품이 나올 때마다 공부를 제대로 해둬야 고객에게 제대로 설명할 수 있다. 요즘 나오는 금융상품은 전문적인 내용도 포함되어 있기 때문에 은행 직원들도 미리 공부를 해두지 않으면 안 된다. 이번 신상품은 요즘 화두인 기부와 관련된 것. 고객이 기부 활동 중이라는 것을 증명하면 연이율을 높여주는 상품이다.

회의가 끝난 뒤엔 TV를 통해 전 지점에 송출되는 본사 공지사항을 확인한다. 최근 다른 은행에서 정보 유출 문제가 생겼으니 각별한 주의를 촉구한다는 내용이다.

영업시간이 시작되었다. 대출 상담을 원하는 고객을 상담하고, 중간중간 창구에 있는 후배 직원들 앞에 고객이 밀려 있는지를 체크하며 업무를 처리한다. 은행 영업 마감시간은 4시. 셔터는 이미 내려졌지만 창구에는 아직 개인 고객 2명이 대기 중이다. 후배 직원들이 개인 고객 2명을 응대하는 동안 A는 오늘이 납부 기일인 고객들이 이자나 원금을 제대로 상환했는지를 점검한다.

아직 원금을 상환하지 않은 고객이 눈에 띈다. 전화를 걸어 몇 시쯤에 입금이 가능할지 묻는다. 다행히 이 고객은 깜박 잊었다며 곧 납부하겠단다. 고객이 모두 나가자 오늘 하루 영업시간 내 창구에서 오고간 금액과 현재 각 직원들에게 남아 있는 현금을 맞춰본다. 서류상 금액과 창구에 남아 있는 금액이 모두 일치한다는 것을 확인한 뒤, 수표와 공과금은 따로 확인해 본점으로 보낸다.

대출 상담을 원하는 기업 고객에게 자료를 요청하고선 품의서를 작성해 인터넷 전자결재를 통해 상사에게 보고한다. 상사의 승인이 나면 팝업창에 알림이 뜰 것이다.

그제야 A는 하루가 비교적 무사히 지나갔다고 안도의 숨을 한 번 내쉬고는 퇴근한다.

2. 중소 음원 유통업체 B대리의 하루

음원 유통업체에서 3년째 일하고 있는 B는 이메일 확인으로 하루 일과를 시작한다. 계약을 요청하는 거래 업체의 메일, 부속서와 공문을 요청하는 메일, 세금계산서 발행 요청과 관련된 메일을 모두 확인한다. 그리고 상사에게 보고할 내용을 정리한다.

거래 업체의 계약 요청, 부속서, 공문과 관련된 음원을 하나하나 찾아보면서 향후 처리 방향에 대해 건별로 메모한다. 다음은 법인 계좌를 확인할 차례다. 각 업체로부터 음원 사용료로 입금된 금액을 살펴보면서 향후 어떤 음원을 확보해야 할지를 고민한다.

10시, 상사와 함께 회계 및 실적을 점검하는 회의 시간이다. B는 아침에 체크했던 메일의 내용을 상사에게 보고하고 이들 건에 대한 몇몇 관계자와 미팅을 잡으려 한다고 말한다. 더불어 현재 자신이 관리하고 있는 음원들이 각각의 사이트에서 순위가 어

느 정도이며, 또 얼마나 다운로드가 되었는지 보고한다.

약 15분에 걸친 간단한 미팅이 끝나자 거래 업체에서 공문과 부속서를 요청하는 음원에 대해 알아본다. 음악 장르, 작곡가, 작사가, 저작권자, 앨범 수록 등등에 대한 내용을 모두 거대 음원 유통 사이트에 등록한 후, 등재된 음원을 유통해 달라는 내용을 담은 공문을 각 음원 사이트에 발송한다. 그리고 전날 등록한 음원이 잘 유통되고 있는지, 고객들이 다운로드를 제대로 받을 수 있는지를 점검한다.

오후에는 외부 미팅을 나간다. 평상시에는 음원 개발자 또는 해외로부터 음원을 수입하는 업체와 미팅을 하는데 오늘 건은 특별히 유통채널과 프로모션을 상의하기 위한 것. 음원시장에서 유통채널은 대부분 대기업이기 때문에 중소기업에서 근무하는 B가 직접 찾아가야 한다. 유통채널 회사의 사무실. B는 매출 전망이 높은 해외 음원을 채널 사이트의 추천곡으로 올려 달라 부탁하면서, 오늘 아침에 등록했던 음원을 최신곡에 올려줄 의향이 있는지를 타진한다. 채널 사이트의 추천곡으로는 가능하지만, 최신곡에는 아무래도 어렵겠다라는 대답이 돌아온다.

오늘은 업체 미팅이 하나밖에 없었던 터라 바로 퇴근하지 않고 다시 사무실로 들어온다. 오후에 있었던 외부 회의 결과를 상사에게 보고한다. 그리고 상사와 함께 추천곡 이외에 매출을 올리는 방안에 대해 논의한 후, 논의 결과를 문서로 정리하고 퇴근한다.

3. 대기업 총무부 사원 C의 하루

대기업 총무부 신입 사원인 C는 출근하자마자 컴퓨터 전원을 켜는 것과 동시에 총무부 내 비품을 확인한다. 복사기에 복사용지는 충분한지, 믹스커피는 얼마나 남아 있는지, 펜과 스테이플러 등이 제자리에 있는지를 모두 확인하고 이에 대한 사항을 양식에 기록한다. 그러고는 각 부서의 신입 사원들에게 전화를 돌린다. 각 부서의 비품 사항에 대해 물어보고 그 내용을 모두 양식에 기입한다.

기입한 양식들을 모두 취합한 후 곧바로 상사에게 보고한다. 상사는 오늘 어느 비품을 얼마나 더 구매해서 교체해야 하는지를 금방 계산해낸다. 이를 바탕으로 C는 오늘 구입하거나 교체해야 할 비품의 품의서를 작성해 상사에게 제출한다.

오늘 업무 일정표를 살펴보니 1시간 뒤 제1회의실에서 회의가 예정되어 있고, 제2회의실은 연수 목적으로 예약이 잡혀 있는 상황이다. 제1회의실 사용 요청서를 확인해보니 기획회의를 할 것이므로 빔스크린을 설치하고 책상을 ㄷ자로 배치해 달란다. 요청서에 적힌 대로 책상과 의자를 배치하고 빔스크린을 준비하고 작동 여부도 확인한다. 또한 각 좌석 앞에 생수와 종이컵 그리고 간단한 다과를 준비한 뒤, 모든 것이 예정대로 준비되었는지 다시 한 번 점검한다.

자신의 자리로 돌아오니 영업부 복사기가 말썽이라는 전언이 들어와 있다. 영업부에 있는 동기에게 전화해 무슨 문제인가 알아봤더니 종이 걸림 현상이 심하단다. 노화의 징후가 뚜렷한 복사기. 간단하게 해결할 수 있는 문제가 아닌 듯해 복사기 점검업체에 전화를 걸어 방문 점검을 요청한다.

컴퓨터 화면에 차량 신청이 들어왔다는 팝업창이 떴다. 마케팅부에서 출장용 차량 신청 양식을 전자결재보고서를 통해 제출한 것이다. 메모에 적힌 상사의 지시 사항을 읽어보니 자동차 인수 장소는 회사이지만 반납 장소는 다른 곳. 내비게이션이 반드시 있어야 한단다. 렌터카업체에 전화를 걸어 이들 요구 사항을 반영해 렌터카를 예약한다.

오전에 제출한 비품 구입 및 교체 품의서의 승인이 났다. 비품을 구입하기 위해 잠시 외출한다. 회의 때 사용할 생수, 집게, 믹스커피, 연필, 펜, 파일철 등을 구입해 사무실의 비품 공간에 비치하고 재고 양식에 기입한다. 그리고 다음 주에 있을 총무부 워크숍 준비에 필요한 장소를 알아본 후 퇴근을 위해 컴퓨터를 끈다.

4. 대기업 IT 프로그래머 D의 하루

IT업체 차장으로 근무하고 있는 D가 출근 후 가장 먼저 하는 일은 컴퓨터를 켜는 것. 메일 수신함에는 기업 거래처 사장 모친상 메일과 더불어 팀원들의 이메일이 들어와 있다. 팀원들의 취합 기일, 회의 요청하는 내용을 하나하나 집중해 검토한 뒤에 답변 메일을 보낸다.

약 10분 정도 팀원들과 간단한 미팅을 가진다. 팀원들로부터 각자 오늘 작업할 일에 대해 보고를 받고, 현재 작업 중인 내용 그리고 앞으로 작업할 내용들에 대해서 이야기한다. 팀원들과 거래처 사장 모친상을 포함한 각종 정보를 공유한다. 미팅이 끝나자 자리로 돌아와 다시 메일을 확인한다. IT업계는 변화가 매우 빠르고 문제가 발생할 시 즉각 대처해야 하기 때문에 이메일로 많은 연락을 주고받게 된다.

그다음 사내 게시판을 확인하고 작업에 필요한 정보를 수집한다. 일정표와 더불어 고객 또는 다른 부서의 요구 사항을 확인한 뒤, 급한 순서대로 프로그램을 분석하고 개발한다. 개발이 끝난 내용은 시스템 보고 결재를 통해 결재를 요청한다. 이어서 이미 개발된 프로그램을 테스트하기로 한다. 다행스럽게도 원하는 속도를 내면서 보안 또한 아무 문제없이 돌아간다. 테스트 완료 내용을 서버에 반영시키도록 작업 공지를 통해 담당자에게 알린다.

점심 식사 후 진행된 프로젝트 회의. 현재 개발하고 있는 프로그램 관련 담당자들이 모여 지금까지의 개발 정도를 보고하고 기타 사항을 논의했다. 회의에서 돌아오자마자 팀원들에게 메일을 보내 회의 내용을 공유한다. 앞으로 해야 할 업무 내용과 목적 또한 전달한다.

이미 개발된 프로그램이 시간대와 무관하게 잘 돌아가는지 테스트하기 위해 야근을 한다. 프로그램 테스트를 하면서 업무 시스템에 로그인한다. 업무 시스템은 월말에 마감하는데 하루 업무를 어떻게, 또 얼마나 효율적으로 하고 있는지를 보고하기 위한 것이다. 테스트 시간이 조금 길어져 남아 있는 팀원들과 함께 먹을 야식을 주문하고 법인카드로 결재한다.

야식을 먹고 나서 자리에 돌아오니 컴퓨터 화면에 법인카드 사용내역을 담은 팝업창이 뜬다. 테스트는 예상보다는 조금 시간이 지체되었지만 다행히 큰 문제없이 끝이 났다. 함께 야근한 팀원들도 안도하는 눈치다. 테스트 성공 내용을 시스템 보고 결재에 작성하고 난 뒤 회사를 나선다.

직업기초능력,
이건 직장인의 기본이지

앞에서 살펴본 네 사람의 직무자들은 각기 은행, 문화콘텐츠, 유통, IT 분야에 종사하고 있으며 회사 내에서 맡은 업무도 매우 다르다. 또한 이들이 다루는 상품 역시 각기 다르다. 은행원은 예금, 적금, 보험 등 금융상품을 다루며 음원 유통 담당자는 국내외 음원이나 뮤직 앨범을 다룬다. 유통회사의 총무부 직원은 사내에서 사용하는 비품이나 기자재를, 프로그래머는 앱이나 IT 솔루션을 취급한다.

이처럼 업무가 매우 다르기 때문에 산업 분야에 따라 직무자들이 업무에서 사용하는 용어나 개념도 다를 수밖에 없다. 해당 직무의 산업 분야와 관련된 지식이나 용어를 전문지식 또는 관련지식(subject matter knowledge)이라 한다. 이러한 전문지식은 직무를 성공적으로 수행하는 데 없어서는 안 될 필수적인 요소다. 직무와 관련된 전공지식이나 개념은 전공 교육이나 해당 분야에서 일을 하는 과정에서 얻게 된다. 이를테면 건설회사에서 아파트 신축과 관련된 직무를 하는 직원의 경우 건축공정, 안전절차, 감리요청 사항 등의 분야에 대한 전공지식이 필요하다. 이러한 전공지식 틀은 은행원들이 갖춰야 하는 전문지식과는 매우 다르다. 전공지식은 대학 교육이나 해당 직업과 관련된 직업 교육을 통한 학습과 현장 실습을 거쳐야 습득할 수 있다.

　그런데 전공지식만 갖추면 과연 직장에서 일을 잘할 수 있을까? 그 대답은 '아니요'다. 어떤 분야 그리고 어떤 직종의 일을 하는가에 따라 갖춰야 할 전문지식이 있는 반면, 모든 직무자들이 갖춰야 할 공통적인 능력 또한 존재한다. 이와 같이 직무에 관계없이 모든 직무에 공통으로 요구되는 필수 능력을 바로 '직업기초능력'이라 한다. 이는 국내의 기업과 조직에서 중요시하는 공통역량, 핵심역량과 유사한 개념이다.

　미국, 영국, 호주 등지에서는 이러한 능력을 'core competency', 'key competency', 'employability skill'과 같은 용어로 부르고 있다. 그 이름이 무엇이냐에 관계없이 직무자에게 반드시 필요한 공통적인 능력이 존재하며 이것이 제대로 갖춰지지 않으면 훌륭한 직무자가 될 수 없다. 직무를 집에 비유하자면 창문과 지붕을 직무와 관련된 전문지식, 기술, 태도 등이라 할 수 있을 것이다. 이것이 제대로 발휘되도록 든든하게 받쳐주고 있는 기초가 바로 직업기초능력이다.

　국가직무능력표준(National Competency Standards, NCS)은 직무를 성공적으로 수행하는 데 필요한 지식, 기술, 태도 등에 대한 표준을 국가 수준에서 규정한 것을 말한다

직업기초능력의 10개 영역

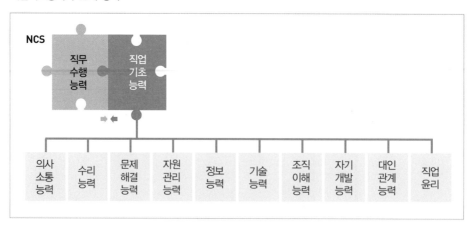

(한국산업인력공단, 2002). NCS는 직무를 성공적으로 수행하기 위한 지식(knowledge)과 기술(skill) 그리고 태도(attitude) 등을 학교와 교육훈련기관의 교육과정에 반영하는 데 그 목적이 있다. 학생들이 이 교육과정을 이수함으로써 직무에 필요한 능력을 습득해, 학교 졸업 후 직장으로 옮겨가는 과정에서 재교육이나 부적응을 최소화하고 또 성공적으로 일을 해낼 수 있도록 지원하고자 하는 것이다. 2015년 현재 약 890여 개에 달하는 직무에 대한 표준이 개발되었거나 개발 중에 있다. 직무와 관련된 표준이 완성되면 개인이 직업을 갖기 위해 어떤 교육이나 훈련을 거쳐야 하고 또 어떤 능력을 보유해야 하는지를 NCS를 통해 쉽게 파악할 수 있을 것으로 기대된다.

직무를 성공적으로 수행하기 위해서는 개별 직무에 필요한 직무수행능력과 더불어 모든 직무에 공통적으로 요구되는 직업기초능력이 필요하다고 NCS는 규정하고 있다. 즉 직업능력은 직무수행능력과 직업기초능력의 복합체라는 뜻이다.

NCS에서 말하는 직무수행능력과 직업기초능력의 관계 그리고 직업기초능력의 10개 영역을 정리한 도표를 보자. 이것을 보면 일을 제대로 수행하기 위해서는 직무수행능력에 더해 10개 영역을 포함하는 직업기초능력이 필요하다는 사실을 알 수 있다.

직업기초능력과 직무수행능력 간의 관계를 보다 정확히 이해하려면 앞서 살펴본

네 사람의 일과를 다른 시각에서 살펴볼 필요가 있다. 네 사람이 하는 일은 산업 분야, 조직·직급의 측면에서는 다르지만 일의 측면에서는 다음과 같은 공통점이 있다.

첫째, 고객이나 동료 및 상사와 이메일을 주고받는다.

둘째, 자재 구입이나 식대 등을 정산하기 위해 품의서 등을 작성하고 결재를 요청한다.

셋째, 업무 진척 사항들을 상사와 동료들과 공유한다.

넷째, 전화 또는 대면으로 고객을 응대하며 이들의 요구 사항을 처리한다.

다섯째, 동료나 협력사와 회의를 통해 업무를 협의한다.

여섯째, 업무와 관련된 다양한 일정을 수립하고 기존 업무 일정을 조정하기도 한다.

이들이 동료나 고객사로부터 온 이메일 내용을 이해하려면 의사소통능력, 더 구체적으로는 문서를 이해하는 능력이 요구된다. 은행에 근무하는 A도, 음원 유통사에 근무하는 B도 이메일을 읽고 답을 하기 위해서는 자신의 의사를 글로 작성하는 능력이 필요하다. 물론 회사에서 업무를 하기 위한 글쓰기는 수필이나 소설을 쓰기 위한 그것과는 엄연히 구별된다. 다른 글쓰기 능력, 즉 문서 작성 능력이 필요한 것이다. 업무 진행이나 프로그램 테스트 결과를 보고서로 제출해야 하는 D 역시 문서 작성 능력을 필요로 한다.

그리고 음원 유통회사의 B대리가 상사에게 업무 진척 상황을 구두로 보고하기 위해서는 언어 구사 능력이 필요하다. 은행에 근무하는 A나 IT회사에 근무하는 D가 일과 시간에 교육을 받으러 가기 위해서는 일정을 조정하고, 교육 참여로 인한 자신의 업무 공백을 최소화하기 위한 방안을 찾아내는 등의 문제해결능력이 필요하다.

이처럼 의사소통능력은 총무 직원에게도, IT 프로그래머에게도, 또 CEO에게도 꼭 필요한 능력이다. 문제해결능력 역시 문화콘텐츠 회사나 은행에서 일하는 직원 모두에게 필요한 능력이다.

IT 프로젝트 담당자는 솔루션 개발을 의뢰한 고객의 요구를 경청한 후, 팀 내 개발자들에게 고객의 요구 사항을 정확하게 전달할 수 있어야 한다. 고객 응대는 서비스 직원들에게만 해당되는 일이 아니라 IT 프로그래머, 총무 담당자, 은행원 모두의 일이다. 직업기초능력은 모든 직무자들에게 요구되는 공통적인 능력인 것이다.

앞에서 말한 은행원 A는 기일 관리를 포함한 주요 일정을 관리하는 데 매우 뛰어난 것으로 파악된다. 만약 A가 은행이 아닌 다른 회사, 이를테면 B대리가 일하는 음원 유통사로 옮겨간다 할 때 그녀의 꼼꼼한 일정 관리 능력이 갑자기 사라질까? 아닐 것이다. 새로운 회사로 옮겨간 A는 금융상품 대신 음원상품을 취급하게 될 것이다. 이전에 은행에서 일할 때 익힌 금융 지식이 새로운 업무에 크게 도움이 되지는 않겠지만, 그녀가 은행에 다닐 때 습득했던 일정 관리 노하우나 고객 응대 요령은 음원 유통과 관련된 업무에서도 빛을 발할 것이다.

마찬가지로 고객의 마음을 사로잡는 설득력 있는 언어 구사의 달인으로 알려진 B대리가 C가 근무하는 총무 부서로 옮겨간다면 그의 언변에 변화가 생길까? 아닐 것이다. 영업, 마케팅 부서 동료들의 니즈를 잘 파악하고, 비품 배분에 문제가 생길 경우 자신의 언어 구사 능력을 활용해 양쪽 부서의 양보를 적절히 얻어낼 수 있을 것이다.

앞에서 이야기한 대로 직업기초능력은 건물이 지탱할 수 있도록 버텨주는 기초와도 같다. 기초가 튼튼하면 지붕, 벽체, 인테리어를 바꿔도 건물은 무너지지 않는다. 보고서를 잘 쓰는 능력이나 발표를 잘하는 능력이 다른 부서로 옮기거나 주제가 달라진다고 소멸되는 것은 아니다. 또한 경력이 쌓일수록 자신이 하는 업무의 전문성과 더불어 직업기초능력도 자라게 된다. 이와 같이 직무의 근간이 되는 직업기초능력은 한 번 습득하면 새로운 분야나 다른 직종으로 옮기게 되는 경우에도 지속적으로 활용할 수 있는 능력인 것이다.

PART 1

능력 중심 채용과
직업기초능력평가

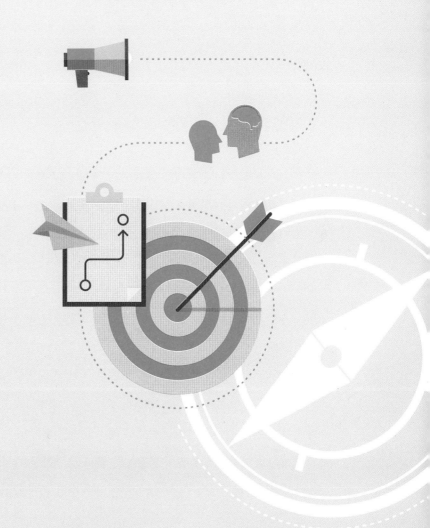

능력 중심 채용의
필요성

1. 기업 채용 방식이 변하고 있다

학벌이나 스펙이 아닌 능력을 중심으로 한 채용이 우리 사회의 화두가 되고 있다. 이러한 변화의 취지는 실제로 현장에서 일을 잘할 준비가 된 사람을 선발하자는 것이다.

2000년대 초에 모습을 드러내기 시작한 '스펙'이라는 용어는 원래 제품의 성능이나 규격에 대한 정보를 일컫는 'specification'이라는 단어에서 유래한 것이다. 컴퓨터가 성능이나 사양 면에서 얼마나 훌륭한 것인지를 알고자 할 경우 중앙처리장치(CPU) 속도, 메모리 용량, 해상도, 저장장치의 용량 등을 정리한 '스펙'을 보면 된다.

지금까지는 학벌, 학점, 영어 점수, 어학연수 경험 등을 포함한 이 스펙을 토대로 지원자들을 평가하고 선발해왔다. 이러한 스펙 중심의 선발 관행은 대학 줄 세우기, 전공이나 특성을 불문한 소수 대학을 향한 입시 경쟁 그리고 스펙에 포함되지 않은 과목에 대한 경시 등 사회·교육적으로 여러 문제를 일으켜온 것이 사실이다.

스펙은 공공기관과 기업의 입장에서 봐도 긍정적인 기제로만 보기는 어렵다. 학력이나 영어 능력이 반드시 필요한 직무에서는 분명 스펙 중심의 선발이 도움이 될 것이다. 하지만 조직 내 많은 직무가 영어 능력이나 학벌과 무관한 다양한 능력을 요구하지 않는가. 스펙을 쌓아 어렵사리 취업 경쟁의 문을 통과한 신입 직무자들의 25%가 1년 이내에 직장을 떠난다고 한다. 이런 현상은 스펙이나 학력이 결코 최선의 취업 무기가 아니라는 것을 의미한다. 이러한 점을 고려하면 스펙 중심의 선발 관행은 '일 잘하는' 또는 '일을 잘할 수 있는' 직무자를 선발하는 데 한계가 있다. 그 한계를 사회, 정부, 기업이 공감해 채용 방식이 스펙 중심에서 변화하고 있는 것이다.

2. 스펙 대신 직무 표준

일할 사람을 뽑는 데 제일 중요한 정보는 과연 지원자가 일할 능력과 자세가 되어 있는가 하는 점이다. 가령 기업에서 경영지원 업무를 할 사람이 필요하다 하자. 예전 같으면 가장 스펙이 좋은 지원자를 뽑았을 것이다. 그러나 이제는 바뀌고 있다. 경영지원 업무와 관련된 공부와 경험을 쌓은 사람을 뽑자는 것이다.

이것이 능력 중심 채용의 핵심적인 취지다. 능력 중심 채용이 제대로 이뤄지기 위해서는 각 직무에서 요구하는 능력과 태도에 대한 정보가 필요하다. 이러한 정보를 체계적으로 정리한 것이 바로 NCS다. 직무별로 이 직무를 성공적으로 수행하기 위해서는 이러이러한 능력과 태도가 갖춰져 있어야 한다는 내용을 담은 NCS는 곧 인재 채용의 기준이라 할 수 있다.

3. 능력 중심 인재 채용의 표준

2015년 1월 고용부는 능력 중심 채용제도를 도입하겠다고 발표했다. 이 제도에 따르면 인재 채용 유형은 세 가지로 분류된다.

유형Ⅰ은 직업기초능력평가(필기전형)와 면접, 유형Ⅱ는 직업기초능력평가(필기전형)와 직무수행능력평가(필기전형)와 면접, 그리고 유형Ⅲ은 직업기초능력평가(필기전형)와 직무수행능력평가(필기·실기전형)와 면접을 활용하는 선발 방안이다. 이 세 가지 채

NCS 기반 능력 중심 채용 유형 및 전형 요소

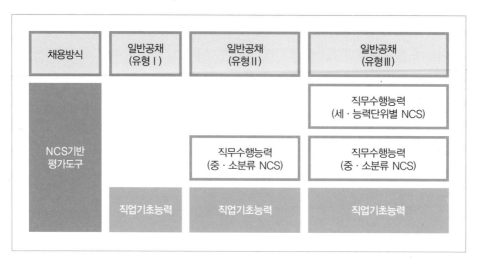

자료 출처: 고용노동부 (2015) NCS 기반 채용 가이드북

용 유형의 차이는 직무와 관련된 전문적인 능력에 대한 평가 유무 그리고 선발에서 직무 관련 전문능력이 차지하는 비중에 있다. 유형 I 에서 III으로 갈수록 이 직무수행능력평가의 비중이 높아진다.

유형 I 에서는 경영지원 업무를 할 사람이나 영업을 할 사람이나 모두 필기전형으로 직업기초능력을 평가한다. 해당 직무와 관련된 능력은 서류 전형이나 면접 전형 단계에서 평가한다. 유형 II와 유형III의 차이는 선발에서 직무 관련 실기평가를 실시하는가 여부다. 유형III은 직무수행능력에 대한 보다 직접적인 평가를 시행하는 반면 유형 II는 필기전형을 통해 직무수행능력을 간접적으로 평가한다.

유형 I 이 대규모 공채를 통해 범용적 인재를 선발하는 데 적합한 유형이라 한다면, 유형 II와 III에서는 직무와 관련된 전문적인 능력이 채용에서 큰 비중을 차지한다.

정부가 발표한 이와 같은 능력 중심 채용 제도에서 주목할 점은 모든 채용에 직업기초능력평가를 포함시키고 있다는 것이다. 이는 사무직이든 기술직이든 관계없이 지원자가 직업기초능력을 갖추고 있는가가 채용의 중요한 관건이 되리라는 것을 의미한다.

직업기초능력평가가
인적성 검사와 다른 점

국내 기업들이 공채를 위해 사용해온 인적성 검사는 실로 다양하다. 'GSAT', 'HAT', 'DCAT' 등 기업에서 사용하는 인적성 검사는 각각의 명칭만큼이나 검사 영역도 다양하다. 언어, 언어이해, 언어추리, 논리추론, 도형추리, 자료해석 등등 대학 교과목명을 방불케 한다. 이처럼 다양한 인적성 검사들이 공통적으로 가지고 있는 특징은 다음두 가지로 요약될 수 있다.

1. 탈맥락적 검사

기존의 인적성 검사에는 직무 맥락이 존재하지 않는다. 보기의 예제 문제를 살펴보자.

| 보기 |

- 원금 X를 은행에 예치하고 세후 7%의 수익을 얻기 위해서는 이자율이 얼마여야 하는가?
- 어떤 배가 강을 따라 42km 떨어진 P마을과 Q마을 사이를 왕복했을 때, 거슬러 올라갈 때는 7시간, 내려올 때는 3시간 걸렸다. 이 강물의 속도는 시속 몇 km인가?
- 다음 지문을 읽고 글쓴이의 주장과 일치하지 않는 것을 고르면?

살펴봤듯이 보기의 문제에는 직무 맥락이 존재하지 않는다. 또 문제에 제시된 과제가 직무와 어떤 관계가 있는지를 파악하기가 어렵다. 첫 번째와 두 번째 문제는 수학적 계산을 제대로 할 수 있는가를 묻는 문제다. 이러한 문제를 사용한 검사는 직무를 잘할 사람보다는 수학을 잘하는 사람을 더 잘 가려낸다. 마지막 문제는 독해 문제다. 이외에도 언어이해나 독해 시험에 사용되는 지문의 대다수가 직무와 무관한 과학, 인문, 예술과 관련된 주제를 담고 있다. 직무자에게 요구되는 능력과 무관한 순수 예술이나 학문적 소통을 위해 쓰여진 글이 활용된다. 이들 검사는 학자의 관점에서 쓴 글을 얼마나 잘 이해하는지 그리고 글쓴이의 기승전결의 구조를 얼마나 잘 재현해내는지가 관건이다. 지문을 통해 파악한 정보를 직무나 관련 분야에 활용할 수 있는가를 평가하지 않는다.

상당수의 인적성 검사용으로 개발된 수리, 도형, 언어 문항들은 '이 문항을 맞힐 수 있는가' 또는 '이 문항에서 요구하는 지식을 갖고 있는가'를 물어볼 뿐이다. 그것을 알면 '직무자가 어떤 조치를 취하는가'에 대한 평가는 하지 않는다.

공채 과정에서 검사를 사용하는 목적은 지원자가 현장에서 일을 잘할 수 있는가를 알아보기 위한 것이 아닌가. 도형을 90도로 왼쪽 또는 오른쪽으로 회전하면 어떤 모양이 나올지를 잘 추론한다고 과연 우수 사원이 될 수 있을까? 언어이해 점수가 높으면 고객의 마음을 잘 이해하는 직원이 될 수 있을까?

지식을 '아는 것'과 직무 상황에서 그 지식을 '활용하는 것' 사이에는 상당한 거리가 존재할 수 있다. 시험에서 수학 문제를 잘 풀고 독해를 잘했으니까 일을 잘하리라 생각하는 것은 마치 시험 점수와 직무 성과를 고무줄로 연결하는 것과 같다. 시험 점수와 직무 성과의 차이가 크면 클수록 둘 사이를 연결하는 고무줄은 늘어나게 될 것이고, 그 차이가 어느 정도의 범위를 넘어서면 결국 고무줄은 끊어지게 되어 둘은 별개로 존재하게 된다. 직무에 필요한 능력을 평가하지 않는 시험은 느슨하거나 끊어진 고무줄과 같다. 즉 직무능력과 상관없는 도구일 뿐이다. 따라서 직무 기반의 직업기초능력평가를 통해 시험 점수와 직무 성과 간의 연계를 강화할 필요가 있다.

직무와 검사 사이의 연계의 강도 또는 추론의 정확성을 높이기 위해서는 실제 직무 과제와 유사한 문제를 사용해야 한다. 고객이나 상사의 말을 잘 이해하고 조직의 분위기를 빨리 파악할 수 있는 신입 직원을 원한다면 단어 고르기나 문맥 배열 능력을 물어볼 것이 아니라, 직무 관련 이메일의 핵심 내용을 제대로 파악하고 잘 대응할 수 있는가를 평가해야 할 것이다. 기안이나 발표 자료를 깔끔하게 만들어낼 수 있는 신입 직원을 원한다면 기안문이나 발표 자료를 만드는 것과 관련된 문항을 사용해야 한다. 우리에게 역량(Competence)이라는 개념을 소개한 하버드대학의 맥클랜드(David C. McClelland) 교수는 이렇게 말했다. "제대로 된 버스 운전자를 뽑으려면 버스를 운전하는 능력을 테스트하세요. 지능 검사를 하지 말고."

2. 사고력 대신 속도력

기존의 적성 검사에서 응시자들이 풀어야 할 문항의 수는 최소 100개 이상이다. 여기에 인성 검사가 더해지면 총 문항 수는 200개를 훌쩍 넘게 된다. 반면 검사 시간은 2시간이 채 안 되는 경우가 대부분이다. 문제 하나를 푸는 데 문항당 1분을 넘기면 안 된다. 상황을 얼마나 빨리 푸는가가 당락을 가르게 된다. 이런 검사에서 깊이 생각하거나 상황을 다각도로 분석하는 것은 불가능하다.

검사 시간은 맥락이 없는 문항의 특성과도 관계가 있다. 계산 문항, 닮은꼴을 찾는 문항 등은 특별한 조건이나 맥락이 없기 때문에 상황을 읽고 분석할 필요가 없다. 동일한 능력을 측정하는 20~30개의 문항을 동일한 방식으로 빠르게 풀면 되는 것이다. 순발력이 좋거나 어려운 문제에 시간을 허비하지 않는 전략을 적절히 구사하는 지원자가 좋은 점수를 얻게 될 것이다. 정답을 많이 맞춘 응시자가 높은 점수를 받는 것은 당연한 것이며 그 자체로는 문제가 되지 않는다.

문제는 실제 직무가 그렇지 않다는 것이다. 인적성 검사를 우수한 성적으로 통과하고 입사의 기쁨을 맛본 직무자들에게 물어보라. 입사 후 적성 검사에서 발휘했던 스피드로 처리한 직무나 과업이 있었는가를. 실제 직무에서는 도형의 닮은꼴을 찾아내듯

빛의 속도로 처리할 수 있는 일이 많지 않을 뿐 아니라, 검사를 할 때처럼 서두르다가는 첨부 파일이 없는 채로 메일을 보낸다거나, 잘못된 수신자를 선택해 기밀 정보를 누설하는 등의 뼈아픈 대가를 치를 수도 있다.

앞 장에서 살펴봤듯이 기존의 스펙 중심 채용이 가지고 있는 한계에 대한 공감대가 형성되어 있다. 또한 인적성 검사는 직무능력과 매우 관련이 낮거나 아예 동떨어진 측면을 측정한다. 따라서 최근 정부는 능력 중심 채용제도를 도입하면서 인적성 검사가 아닌 직업기초능력평가를 필기전형 도구로 사용할 계획임을 밝혔다. 이러한 계획은 인적성 검사가 직업기초능력평가와 다르다는 사실을 전제로 한다. 직업기초능력평가가 무엇인가에 대해 구체적으로 설명하기에 앞서, 먼저 직업기초능력평가가 기존의 인적성 검사와 어떤 변별성을 가지는지에 대해 짧게 다뤄보고자 한다.

3. 직업기초능력평가는 직무 기반 검사다

직업기초능력평가의 목적은 취업 지원자가 일을 하는 데 필요한 능력을 갖추고 있는가를 알아보려는 것이다. 현재 우리나라에는 직업기초능력에 10개 영역이 포함된다는 분명한 규정은 있지만 이들 능력을 어떻게 평가해야 하는가에 대한 체계적인 가이드라인이 존재하지 않는다. 직업기초능력을 보면 의사소통능력, 수리능력, 문제해결능력, 조직이해능력, 자원관리능력 등이 있는데, 이러한 영역은 학교에서 배우는 언어, 수학, 조직관리 등의 교과목과 연계될 수 있는 것처럼 보일 수도 있다. 때문에 의사소통능력은 대학수학능력시험의 언어 시험과 유사하게, 수리능력은 수학 시험과 유사하게 만들면 될 것이라 생각할 수도 있다. 그러나 이는 잘못된 생각이다.

모든 시험은 목적이 있다. 학교에서 보는 시험은 학교에서 배운 것을 얼마나 잘 이해했는지를 확인하는 데 그 목적이 있다. 대학수학능력시험은 대학에 입학해 고등교육을 받을 수 있는 능력과 준비가 되어 있는가를 확인하는 데 그 목적이 있다. 기업 채용을 위한 필기전형은 회사에 들어와 일을 잘할 인재를 선발하는 데 그 목적이 있다. 일은 학교 교육과 다르다. 학교에서 배우는 이론적인 수학과 직무라는 현실적 제약 안에서 사용해야 하는 수리적 계산이나 추론은 매우 다른 것이다. 언어 역시 마찬가지다. 소설, 고전, 문학적 가치를 위한 국어 시험과 직무를 위해 언어를 구사하고 문서를 작성하는 것은 매우 다른 능력에 속한다(노국향 외, 2013). 그렇기 때문에 의사소통 시험을 국어 시험과 같은 방식으로 출제할 수가 없다. 직업기초능력평가에서 무엇을 다뤄야 하는가 또는 어떤 것을 평가해야 하는가를 결정하는 기준은 '일을 하는 데 이러한 능력이 필요한가?' 다. 예를 들어 글쓴이나 말하는 이의 의도를 파악하는 능력은 직무자들이 반드시 갖춰야 할 능력이다. 고객이나 상사, 동료의 말이나 이메일에 담긴 의도를 제대로 파악하는 것이 직무자들에게 반드시 필요한 능력이라는 데는 이견이 없을 것이다. 문제는 이러한 능력이 발현되는 상황이다. 직무 장면에서 고객이나 상사가 어떤 의도에서 말을 하고 글을 쓴 것인지를 파악하는 것은 신문 사설이나 문학 작품에 드러난 글쓴이의 의도를 파악하는 것과 다르다. 사설이나 문학 작품의 상황은 직무 상황과는 사뭇 다르다. 문학 작품에 나타난 은유적 표현의 의도와 고객이 어떤 의도를 가지고 요청하는 것은 근본적으로 다르다. 직무자가 상대의 의도를 제대로 파악할 수 있을까를 알아보기 위해서는 문학적 상황이 아닌 직무 관련 메일이나 회의록을 제시하는 편이 더 효과적일 것이다.

노국향 외(2012)는 바람직한 직업기초능력평가의 요건으로 직업적 개연성을 강조했다. 직업적 개연성은 문항에서 요구하는 과제가 실제 직무와 어느 정도 유사한가, 즉 실제 직무와의 싱크로율을 의미한다. 예를 들어 문서를 작성하는 능력을 평가하는 문항이 있다고 하자. 상사가 갓 들어온 영업사원에게 논설문을 쓰라고 지시한다. 이 문항의 실제 직무와의 싱크로율은 어느 정도일까? 0에 가깝다. 싱크로율을 높이는 방안은 취업 지원자들이 입사 후 할 일과 유사한 과제를 주는 것이다. 상사가 영업사원에게 영업 나가기 전에 자사와 타사 제품의 강점과 약점을 비교 요약해 문서를 만들라는 과제 같은 것이다.

직업기초능력평가는 직무의 맥락에서 직무자들이 해결해야 할 과제를 제시해야 한다. 이것이 직무의 맥락 없이 알맹이로서의 지식과 능력을 평가하는 인적성 검사와 직업기초능력평가가 구별되는 가장 큰 특징이며, 평가의 타당도를 높이는 제1조건이다.

4. 직업기초능력평가는 특정 분야의 지식을 요구하지 않는다

직무를 기반으로 평가를 하다 보면 특정 직업에서 다루는 문서, 작업지시서, 계약서 등이 지문으로 등장하는 경우가 많다. 혹자는 '직무 기반의 문제를 풀기 위해서는 특정 직업에서 많이 다루는 용어나 업무 절차를 알아야 한다. 그렇다면 이것은 전공시험이 아닌가' 라는 의문을 가지기도 한다. 그러나 직업기초능력평가에 제시되는 상황은 실제 직무 상황이지만 문제를 푸는 데 필요한 키는 전공지식이 아닌 직업기초능력, 즉 말하는 능력과 글을 이해하는 능력 그리고 수를 계산하는 능력, 논리적으로 생각하는 능력이다.

의사소통능력 영역에는 계약서나 공문을 읽고 직무자 자신의 업무와 관련해 어떤 조치를 취할 것인가에 대한 문항이 자주 등장한다. 지문에 제시된 계약서 내용은 매우 전문적이지만, 해당 직무의 전문지식이 없는 자라도 제시된 계약서의 내용을 꼼꼼히 읽으면 답을 찾을 수 있는 수준이다. 물론 일괄, 대금, 납부, 반환 등의 용어 그리고 '갑은 을에게 그 권리 일체를 양도한다' 등의 의미 정도는 알고 있어야 답을 풀 수 있다. 사회생활 경험이 많지 않은 학생들이나 사회 초년병들에게는 생소한 개념일 수 있다. 하지만 이러한 능력은 비단 직장인이 아니더라도 성인으로서의 삶을 살기 위해 반드시 갖춰야 하는 능력이지 전공지식은 아니다.

5. 직업기초능력평가는 지식 그 자체가 아닌 활용 능력을 평가한다

한국산업인력공단에서 개발한 직업기초능력 학습모듈은 의사소통이나 수리에 대한 이론을 체계적으로 소개한 교과서가 아니다. 직무에서 이를 어떻게 활용할 것인가를 다각도로 설명해놓은 자료다. 이러한 자료를 달달 외운다고 직업기초능력이 함양되지는 않을 것이다. 왜냐면 고객이 불만을 토로하는 상황에서 직무자가 취할 수 있는 최선의 조치는 의사소통 이론이 아니라 자신이 속한 회사의 고객 응대 지침서이기 때문이다.

회사에서 일을 하는 데 필요한 구체적인 절차나 방법은 입사 후 신입 직원 교육을 통해 배울 수 있다. 직업기초능력평가는 처음 접하는 절차나 규칙일지라도 그것을 읽어서 그 내용을 이해하고 이해한 바를 활용해 문제에 제시된 과제를 잘 해결할 수 있는 능력과 자세가 되어 있는가를 평가하는 데 목적이 있다.

6. 직업기초능력평가는 직무자를 주인공으로 설정한다

학교에서 보는 시험에서는 시험을 보는 자신이 어떤 사람인가에 대한 고정적인 관점이 존재하지 않는다. 다시 말해 문제를 푸는 응시자는 고객이 얼마를 거슬러 받아야 하는지를 답해야 할 때도 있고, 상사를 포함한 네 사람의 팀원 중 누구의 의견이 틀렸는지를 가려내는 심판자의 역할을 요구하는 경우도 있다.

이에 반해 직업기초능력평가에서는 응시자를 일하는 사람, 즉 직무자로 설정한다. 은행에서 금융상품을 판매하는 상황을 배경으로 한 직업기초능력평가 문제에서 평가하고자 하는 능력은 고객의 능력이 아니라 은행원의 능력이다. 그렇기 때문에 문제에서 물어야 할 것은 '다음 상황에서 고객이 은행원에게 지불할 수수료의 총액은?' 이 아니라 '다음 상황에서 직무자가 고객에게 요청해야 할 수수료는 얼마인가?' 가 되어야 한다.

직무가 당면할 법한 다양한 직무 상황을 제시하고 현 상황에서 직무를 성공적으로 해결하기 위해 '상사나 동료' 가 아니라 '내' 가 취해야 할 조치나 행동을 묻는 시험이 직업기초능력평가의 바람직한 형태다. 직업기초능력을 갖추기를 원한다면 직무자의 입장에서 생각해야 하기 때문이다.

직업기초능력평가를 둘러싼
오해에 대해

직업기초능력은 아직은 우리에게 낯선 개념이다. 그리고 직업기초능력평가는 더욱더 생소한 개념이다. 이런 상황에서 직업기초능력이라는 명칭 그 자체와 관련된 오해와 편견이 존재하고 있는 것이 사실이다.

모든 직무자들에게 공통으로 요구되는 능력을 일컫는 용어는 프로젝트나 연구개발진에 따라 각기 다르게 사용되어 왔다. 2007년 무렵 국가직무능력표준 내에서 공통능력을 정의하고 학습모듈을 개발할 때는 기초직업능력이라는 이름으로 불렸다. 그리고 2013년 들어서 직업기초능력이라는 명칭을 사용하게 되었다. 2011년부터 교육부에서 추진해온 특성화·마이스터 고등학생 대상 직업기초능력평가인 'TeenUp'에서는 직업기초능력이라는 용어를 일관되게 사용해오고 있다. 직업기초능력과 평가에 대한 몇 가지 오해를 바로잡고자 한다.

1. 직업기초능력은 기초 학력이다

직업기초능력이라는 말을 들을 때 많은 사람들이 '기초'라는 단어에 주목하는 경향이 있다. 그래서 직업기초능력은 최소한의 기초적인 능력, 즉 글을 잘 읽고 숫자 계산을 어느 정도 할 수 있는가를 확인하면 된다는 논리를 펴는 학자들도 있다.

또한 최근 기업에서 일할 사람을 뽑기 위해 직업기초능력평가를 도입한다 하니, 기초적인 지식이나 학력을 평가하는 제도가 과연 변별력을 가질 수 있을 것인가에 대한 의구심을 갖는 사람이 있는 것 같다. 또 기존 전형에 비해 채용의 격이 떨어지는 것은 아닌가 하고 우려하는 목소리도 들린다. 그러나 이런 논리라면 굳이 기업에서 채용하는 데 직업기초능력평가를 활용할 필요가 없다.

우리나라에서는 1990년대 말부터 직업기초능력에 대한 많은 연구가 이뤄져 왔다. 한국직업능력개발원과 직업교육전문가들이 주도한 연구 대다수가 직업기초능력을 모든 직무자들이 갖춰야 할 기본적이고 공통적인 능력으로 정의했다. 그 어느 연구에서도 직업기초능력을 기초 학력이나 글을 읽고 셈을 하는 문식력으로 정의하지 않았다.

오늘날 우리 사회에 널리 통용되고 있는 기본이라는 용어는 쉽다는 의미가 아니다. 그것은 반드시 갖춰야 할 능력 그리고 갖추지 않으면 곤란해지는 능력을 의미한다. 직무자들에게 있어서 직업기초능력은 건물에 있어서 기초와 같은 것이다. 기업이 직무자들에게 직업기초능력을 제대로 갖추기를 기대하는 것은 건물의 기초가 튼튼하기를 바라는 것과 동일한 의미라 할 수 있다.

2. 직업기초능력평가는 기초 학력 유무만 가려주면 된다

직업기초능력평가는 그 사람이 기초적인 능력을 보유하고 있는가, 아닌가만 판별해 주면 된다고 말하는 사람이 있다. 즉 최소한의 수준만 넘으면 직업기초능력을 보유했다고 볼 수 있다는 주장이다. 그리고 직업기초능력을 점수화하면 더 높은 점수를 얻기 위해 불필요한 경쟁이 생길 수 있다는 우려의 목소리도 있다. 이러한 견해들은 직업기초능력평가를 통해 인재를 선발하겠다는 정부의 정책적인 의지뿐만 아니라 기업들의 능력 중심 인재 선발 노력도 근본적으로 부인하는 것이라 할 수 있다. 그 일에 적합한 인재를 제대로 뽑기 위해선 최소 기준뿐 아니라 지원자들 간에 존재하고 있는 능력의 차이를 적절하게 변별해줄 필요가 있다.

직무 내용에 따라 요구되는 능력에 차이가 존재하는 것은 엄연한 현실이다. 예를 들어 고객관리센터에서 근무할 직무자들에게 요구되는 의사소통능력의 수준은 전기 엔지니어들에 비해 더 높을 수 있다. 일을 잘하는 사람을 뽑는다는 것은 영역별 직업 기초능력 수준이 직무에 필요한 능력 수준과 잘 맞아떨어지도록 한다는 의미다. 실제로 미국의 고용지원청에서는 구인 회사의 직무에 딱 맞는 등급을 보유한 구직자를 데이터베이스 내에서 찾아내는 방식으로 구직자와 구인자를 연결해준다.

직업기초능력평가를 실시하는 세계 각국의 사례와 국제적인 사례를 살펴봐도 직업 기초능력평가를 단순히 이 능력을 보유하지 못한 사람을 가려내는 평가로 활용하는 경우는 없다. 미국의 경우 직업기초능력의 영역별 수준을 5등급 이상으로 구분하고 있으며 호주의 경우에는 학력 및 자격과 연계된 8등급 체제를 갖추고 있다.

사람들에게 개인차가 존재하는 것처럼 사람들의 직업기초능력에도 수준 차이가 존재한다. 평가를 통해 그 차이를 인정해주는 것은 공정한 행위다. 문제는 어느 만큼의 차이를 다르다고 할 것인가에 있다. 손톱만큼의 차이로는 직무 성과가 달라질 수 없을 것이다. 의사소통능력 시험에서 100점을 받은 지원자와 99점을 받은 지원자의 차이가 무슨 의미가 있을까? 그들은 모두 우수한 의사소통능력을 가진 지원자들이다. 그러나 상당히 의미 있는 차이, 이를테면 신입 직원과 대리 간의 능력 차이만큼이나 다르다면 그것은 구분해줄 가치가 있는 것이다. 직업기초능력평가는 그 사람이 어느 수준인가를 제대로 가려줄 수 있을 때라야 제 기능을 한다고 할 수 있을 것이다.

3. 직업기초능력보다는 직무수행능력이 더 중요하다

NCS에 따르면 직무능력은 직무수행능력과 직업기초능력으로 구성된다. 모든 직무자들에게 공통으로 요구되는 직업기초능력과 달리 직무수행능력은 개별 직무와 관련된 전문지식, 기술, 태도를 의미한다.

직무수행능력이 중요한 것은 틀림없다. 의사소통을 못하는 장인들도 많고, 직업기초능력을 갖추지 않아도 전문가가 될 수도 있다. 그런데 예술가가 자신의 창작품을 거래하거나 그 의미를 소통하고자 할 때 직업기초능력이 필요하다. 직무의 관점에서 볼 때 자신이 담당하는 업무는 조직이나 사회 속 비즈니스의 한 부분에 해당한다. 더 큰 그림이 존재하는 것이다.

이 큰 그림으로 보면 내가 하는 일은 다른 사람이 하는 일과 연결되어 있고, 이를 위해서는 내 책임을 다하고 다른 사람과 소통해야 하며 시간과 자원을 관리해야 한다. 즉 직업기초능력 없이는 일을 제대로 할 수 없다는 것이다.

직무수행능력이 내용이라면 직업기초능력은 그 내용을 담는 그릇 또는 도구라 할 수 있다. 내용이 아무리 훌륭해도 그것을 담는 그릇이 그에 걸맞지 않다면 제대로 된 직무가 이뤄질 수 없다. 따라서 직업기초능력과 직무수행능력 중 어느 것이 더 중요한가를 따지기보다는 직무를 성공적으로 수행하기 위해 갖춰야 할 능력을 모두 구비하고 조화롭게 활용하는 것이 더 중요하다.

PART 2

직무 기반
직업기초능력평가

직업기초능력평가 영역

인지심리학자 러베트(Lovette)에 따르면 '문제'는 현재의 상태와 바라는 상태 사이에 장애물이 놓여 있는 상황을 말한다. 인간은 현재의 상태에서 바라는 상태로 옮겨가기 위해 또는 현재 상태와 바라는 상태 사이에 놓여 있는 장애물을 제거하기 위해 다양한 노력을 시도한다. 이러한 노력에는 대화를 하거나 글로 자신의 입장을 표명하거나(의사소통), 수학적인 절차를 통해 답을 구하거나 논리를 사용해 패턴을 정리하거나(수리활용), 자원, 기술 또는 정보를 동원해 답을 찾아내는 활동 등이 포함된다.

모든 직무자들이 매순간 당면하는 직무는 곧 해결해야 할 문제다. 모바일 게임 시장에 대한 조사를 하라는 상사의 지시는 현재는 조직이 보유하지 못한 모바일 게임 시장의 규모와 전망에 대한 정보를 찾거나 만들어내라는 문제를 주는 것이다. 모든 직무를 해결해야 할 문제로 본다면 모든 직무에 필요한 직업기초능력을 갖추는 것은 곧 문제해결능력을 갖춰야 한다는 말이 된다.

이렇게 볼 때 현재 NCS에서 규정한 직업기초능력을 10개의 영역으로 분할한 것은 직무의 현실과는 거리가 있다. 그렇다고 해서 의사소통, 수리활용 등을 포함한 다양한 인지적 능력을 문제해결 하나로 뭉뚱그리는 것 역시 바람직하다고 볼 수 없다.

직업기초능력평가 영역과 NCS 직업기초능력

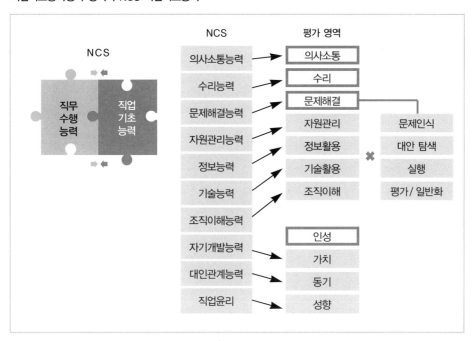

이 책은 직업기초능력평가에 초점을 맞추고 있으므로 평가의 관점에서 보다 현실적으로 접근하고자 했다. 실제 채용에서 직업기초능력평가를 10개 영역으로 나눠 문제를 출제하고 각 영역별로 검사를 실시하기는 어려울 것이다. 10여 개가 넘는 학과목을 배우고 나서 응시하는 대학수학능력시험의 평가 영역도 5~6개에 불과하다.

의사소통은 경청, 문서 작성, 대화 등의 방법을 사용한다. 수리는 계산, 도식화, 분석 및 추론 등의 방법을 통해 문제를 해결한다. 문제해결은 자원관리, 정보활용, 기술활용, 조직의 절차 등을 통해 문제를 인식하거나, 대안을 탐색하거나, 실행 등의 방법을 활용한다. 마지막으로 자기개발능력, 대인관계능력, 직업윤리 등은 개인의 성격과 가치에 근거한 것으로 인성이라는 별개의 영역으로 분류할 수 있다.

따라서 직업기초능력은 크게 의사소통, 수리활용, 문제해결, 인성의 네 영역으로 대별된다고 볼 수 있다.

앞서 말했듯이 직무를 수행한다는 것은 문제를 해결하는 것이다. 문제를 해결하는 방법과 도구는 사안에 따라 다르다. 직업기초능력을 문제해결과 의사소통, 수리활용 그리고 인성의 4개 영역으로 구분하는 데는 실질적인 이유와 논리가 존재한다.

첫째, 문제를 해결하기 위한 활동이 다르기 때문이다. 예를 들면 보고서를 쓴다든지, 어떤 사안에 대한 정보를 담당자로부터 얻기 위해 공공기관에 문의를 하는 등의 노력은 의사소통 영역에 해당하는 것이다. 이는 이미 발생한 문제의 원인을 파악하거나 해결을 위한 대안을 탐색하는 문제해결 활동과는 구분된다. 마찬가지로 상반기 결산서를 작성하는 작업은 매입과 매출을 계산하고 그 결과를 표로 정리하는 노력이 요구되는데, 이는 고객의 의견을 듣고 응대하는 의사소통 활동과는 확연하게 다른 문제해결 활동이다. 자원관리능력, 정보능력, 기술능력, 조직이해능력 등을 별개의 평가 영역으로 다룰 경우 평가 영역의 수가 많아지게 된다. 그러면 평가의 효율성이 떨어질 뿐 아니라 다른 평가 영역과의 구분이나 경계도 모호해질 수가 있다.

만약 자원관리 자체를 하나의 능력으로 검사를 개발한다면 자원관리의 방법, 자원관리의 대상, 자원관리 활동 범주 등을 고려해야 할 것인데, 이렇게 되면 자원관리 능력은 모든 직무자들에게 요구되는 능력이 아니라 개별 직무나 산업 분야에 따라 그 내용과 범위가 달라지는 전문능력이 될 가능성이 높아진다. 따라서 자원관리, 정보활용, 기술활용, 조직이해 등은 문제해결 영역에 포함시켜 직업기초능력평가를 통해 자원관리, 정보활동 등의 능력을 평가하되 그 활동 자체가 문제해결이 되도록 했다.

마지막으로 대인관계능력, 자기개발능력, 직업윤리 등은 능력이라기보다는 개인의 성향이나 가치에 기인한 것이다. 직무 성과에 영향을 미치는 개인의 성향은 대인관계, 직업윤리, 자기개발 외에도 성취 동기, 새로운 경험 추구 등 다양한 것이 존재하며 이러한 성향은 전통적으로는 인성 검사 또는 성격 검사에서 폭넓게 다루고 있다. 편의상 인성으로 통칭되는 성격 및 가치는 의사소통, 수리활용, 문제해결 등의 인지적 능력과는 구분하는 것이 바람직하다.

직업기초능력을 네 개의 영역으로 구분하는 또 다른 이유는 각 영역에서 사용하는 필수 도구가 다르기 때문이다. 이는 그림을 그릴 때 사용하는 도구나 물감에 따라 작

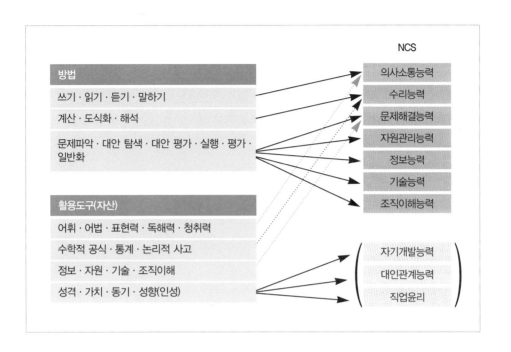

품을 유화, 수채화, 판화 등으로 구분하는 것과 같다.

그림은 NCS 직업기초능력을 발휘하기 위해 직무자가 사용할 방법과 도구를 나타낸 것이다. 직무자들이 직무를 해결하기 위해 사용하는 방법과 도구들을 제시했다. 그리고 오른쪽에는 NCS 직업기초능력 10개 영역을 제시했다. 가운데의 화살표는 이들 방법과 도구들이 NCS의 직업기초능력 영역들과 어떻게 연결되는지를 나타낸 것이다.

의사소통에는 어휘, 어법, 표현력, 독해 능력 그리고 수리활용을 위해서는 도형의 공식, 연산법칙, 통계 등 초중등교육을 통해 반드시 갖춰야 할 필수 도구가 필요하다. 문제해결을 위해서는 문제의 원인이나 현상의 패턴을 이해하는 논리력과 사고력을 갖춰야 하는데, 이 역시 초중등교육을 통해 갖춰야 할 필수 도구라 할 수 있다.

우리의 직무 행동에는 인지적 능력뿐 아니라 개인의 성격이나 가치가 배어 있다. 상냥함, 세심함, 타인을 위한 배려 등은 논리적 사고나 유창한 말만큼이나 중요하게 여겨지는 직무자의 기본 품성이다. 이러한 품성 역시 학교와 가정교육을 통해 길러지

PART 2
직무 기반 직업기초능력평가

는 인성으로 직무에서 개개인이 활용하는 중요한 도구라 할 수 있다.

　이상에서 설명한 바와 같이 직업기초능력은 어휘, 어법, 수학적 공식, 논리적 사고 등 문제해결의 사안이나 방법에 따라 사용하지 않으면 안 되는 필수적인 도구가 존재한다. 이러한 도구의 특성에 따라 직업기초능력을 의사소통, 수리, 문제해결, 인성의 네 영역으로 구분할 수 있다.

직업기초능력 문제의
핵심 요소

NCS 직업기초능력에는 10개 영역의 정의와 하위 요소들이 제시되어 있다. 각 영역별 학습 자료는 능력이 어떤 것이고 왜 필요한 것인지에 대해 설명하고 있기는 하지만 평가를 위한 구체적인 가이드라인이나 평가 방법을 제시하고 있지는 않다.

어떤 능력을 평가하기 위해 문제를 만드는 데는 핵심적인 고려 요소들이 있어야 한다. 대학수학능력시험의 경우 이원분류표라는 것이 있다. 이원분류표는 해당 검사에서 다루는 내용과 행동을 정리한 표로서, 쉽게 말하면 시험에 어떤 문제가 출제되어야 하는지를 규정한 문서로 볼 수 있다. 이러한 이원분류표 또는 검사계획서(test blueprint)는 어떤 검사가 매년 또는 절기별로 실시될 때 그 검사의 동질성이나 정체성을 유지하는 데 필요하다. 또 수험생의 입장에서는 검사를 준비하기 위해 무엇을 공부할 것인가 또는 어떤 능력을 발휘할 것인가를 결정하는 데 매우 중요한 역할을 한다.

현재 직업기초능력평가에는 이와 같은 이원분류표가 존재하지 않는다. 문제를 만들기 위해서는 직무와 유사한 상황을 제시하고 직무에서 필요한 능력을 평가해야 한다는 것 이상의 구체적인 요소들이 필요하다.

지난 5년간 직업기초능력평가 문제를 개발한 경험을 바탕으로 직업기초능력 문제를 만들 때 필수적으로 고려한 요소 세 가지를 소개하고자 한다. 그 세 가지는 대상, 목적, 방법이다. 의사소통의 경우 먼저 누구를 대상으로 한 의사소통인가를 고려하고, 다음으로는 무슨 목적으로 의사소통을 하는가를 고려하고, 마지막으로는 어떤 방법으로 의사소통을 할 것인가를 고려한다.

　　대상, 목적, 방법은 직업기초능력 영역별로 그 구체적인 내용이 달라질 수 있다. 예를 들면 의사소통의 대상에는 상사, 동료, 협력 업체, 공공기관, 고객 등을 생각할 수 있다. 반면 수리나 문제해결의 경우 사람, 시간, 공간, 상품 등이 대상이 된다. 영역별 대상, 목적, 방법의 구체적인 내용은 PART 3~5에 자세히 소개되어 있다.[1]

　　대상, 목적, 방법의 세 요소를 고려해 문제를 만들게 되면, 문제에 제시되는 상황이나 과제가 매우 선명해진다. 예를 들어 대상을 상사로, 목적을 정보 전달로, 방법을 문서 작성으로 선택할 경우 '상사에게 현장 조사 결과를 보고하기 위한 보고서 작성'과 관련된 문제를 개발할 수 있다. 또한 협력 업체(대상), 설득(목적), 방법(말하기)의 요소를 설정한 경우 '협력 업체에 납품 단가를 조정하기 위한 회의에서 할 말' 등을 문제로 낼 수 있다. 이제부터 대상, 목적, 방법의 세 요소가 반영된 직무 기반 직업기초능력평가 문제들에 대해 보다 자세히 다루고자 한다.

PART 3

직무 기반
의사소통능력평가

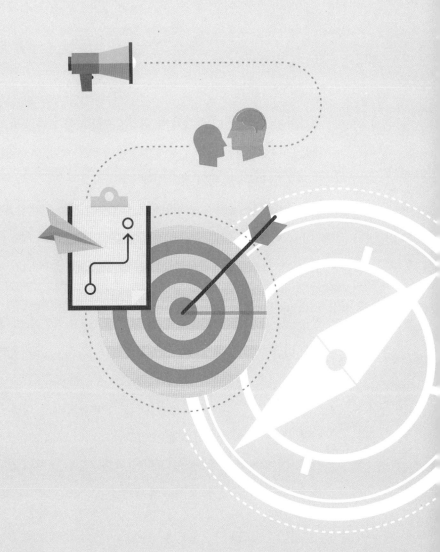

직무에서 의사소통이
왜 중요한가요?

의사소통은 직장인이 갖춰야 할 직업기초능력 중에 가장 중요한 능력 중 하나다. 직무자들은 다양한 구성원들과 함께 협력하며 일을 한다. 특히 팀 단위의 프로젝트를 수행할 때는 팀의 목표, 일의 진척 상태, 추진 과정 등을 공유하기 위해 의사소통이 필수적이다. 또한 고객 서비스를 담당하는 직무자의 경우 고객의 말이나 의견을 경청하고 이에 적절히 대응하기 위한 의사소통능력이 반드시 필요하다.

NCS에서는 의사소통능력을 업무를 수행함에 있어 글과 말을 읽고 들음으로써 다른 사람이 뜻한 바를 파악하고, 자기가 뜻한 바를 글과 말을 통해 정확하게 쓰거나 말하는 능력으로 정의하고 있다. NCS 의사소통의 하위 능력 중의 하나인 문서 작성 능력은 글을 짓는 작문 능력이 아니라 상품의 가격이 어떤 논리와 계산 절차를 통해 도출되었는지를 정리하는 문제해결의 중요한 부분으로 기능하기도 한다.

직무 기반 의사소통능력을 구성하는 중요한 부분은 경청 능력이다. 그 이유는 직무 관련 정보나 요청의 상당 부분이 상사나 고객의 말을 통해 전달되기 때문이다. 업무를 제대로 처리하려면 직무자는 고객이나 상사의 말을 주의 깊게 듣고 핵심 내용을 정확하게 파악해야 한다. 또한 상대의 의견을 듣고 공감하거나 적절한 응대를 하는 능력도 중요하다. 이 책에서 소개하는 의사소통능력 문제 중에 듣기 문항이 다수 포함되어 있는 것은 두 가지 이유에서다. 첫째는 직무 기반 의사소통에 있어서 경청 능력의 중요성을 강조하고, 둘째는 직무의 실제성을 문제에 최대한 반영함으로써 실제 직무에 필요한 의사소통능력을 갖출 수 있도록 돕기 위한 것이다.

직무 기반 의사소통능력을 평가하기 위한 문제를 만드는 데는 다양한 요소들이 필요하다. NCS에서 규정한 하위 능력인 경청, 문서 이해, 문서 작성, 언어 구사도 중요한 요소 중의 하나다. 그러나 문서를 작성하는 능력을 평가하기 위해서는 누구를 대상으로 한 어떤 내용의 문서인지를 추가적으로 고려할 필요가 있다. 박재현·노국향(2015)은 직무 기반 의사소통능력을 평가하는 문제에는 의사소통의 대상, 목적, 방법의 세 가지가 반드시 반영되어야 한다고 설명했다. 다음에서는 이들 각 요소를 의사소통평가 문제 예시를 통해 보다 자세하게 설명하고자 한다.

의사소통의 대상 이해하기

의사소통, 특히 일과 관련된 의사소통에는 반드시 '누구'라는 대상이 있다. 일반적으로 직무 상황에서 가장 기본적인 의사소통의 구도는 상사의 지시를 받고, 동료와 협업을 통해 과업을 수행하고, 그 결과를 상사에게 보고하는 것이다. 이러한 활동을 좀 더 자세히 살펴보면 의사소통의 대상을 수직적 대상(상사-나)과 수평적 대상(동료-나)의 두 유형으로 나누어 생각할 수 있다. 그 이유는 윗사람과 의사소통을 할 때와 나와 동등한 위치에 있는 동료들과 의사소통을 할 때 사용하는 언어의 형식이 다르기 때문이다. 특히 우리나라의 조직 문화는 수직적 질서를 매우 중시하고 언어 자체에도 매우 엄격한 경어법 체계가 존재하기 때문에 의사소통의 대상이 누구인가에 대해 특별히 주의를 기울여야 한다. 사실 의사소통에서 상하 및 수평 관계를 중시하는 것은 우리나라에만 해당하는 현상은 아니다. 심리학자인 홉스테드(Hofstede)의 문화적 차원 이론(Cultural dimension theory)에 따르면 권력 격차(Power Distance)에 대한 수용은 나라마다 그리고 기업마다 다르다. 즉 정도의 차이가 존재하는 것이지 직무 환경에서 직위나 직급에 따른 권력 격차는 어느 나라, 어느 조직에서도 의사소통의 구도를 결정하는 데 매우 결정적인 요인으로 작용한다는 것이다(박재현 · 노국향, 2015). 의사소통의 대상이 직무 기반 의사소통 문항에 반영된 사례를 살펴보자.

상사 지시와 관련된 의사소통능력 문제 예시

- 정보통신회사의 네트워크팀에 근무하는 A가 **상사로부터 다음과 같은 지시를 받고** 취할 조치로 가장 적절한 것은?

  > 이번 주 내로 보수가 필요한 네트워크 장비 리스트를 정리해 제출해주세요.

- ○○기계 전산팀에 근무하는 **A가 팀장으로부터 해외 구매 대행 서비스를 통해 전산 장비를 구입할 때 사용할 점검 목록표를 작성하라는 지시를 받았다.** A가 작성한 점검표 중 수정이 필요한 것은?

- ○○회사에 근무하는 이루리 씨가 **상사로부터 다음과 같은 지시를 받고** 작성할 표로 가장 적절한 것은?

  > 이루리 씨, 자료 좀 뽑아줘요. 국가에너지통계 시스템에 접속하면 나올 겁니다.
  > 2013년과 2014년 말 인천, 대구, 광주 지역의 도시가스 소비량과 보급률을 한눈에 들어오게 정리 좀 해줘요. 전국 자료도 앞에 넣어주면 좋겠네요. 나머지 지역은 가나다순으로 배치해주시고요. 그럼 지금 바로 부탁합니다.

상사 보고와 관련된 의사소통능력 문제 예시

- 영업팀 직원 A가 신상품 회의 참석 후, 이 회의에 참석하지 못한 **영업부장에게** 회의 내용을 **보고할 말로** 가장 적절한 것은?

- **김 과장의 질문에 대해 A가 답할** 내용으로 가장 적절한 것은?

- 관리팀에 근무하는 A가 **최고경영자에게** 지역별 채용 방안에 대해 건의를 하고자 한다. A가 자신의 생각을 바르게 전달한 것은?

업무 협력 차원에서는 사내의 동료뿐 아니라 외부 협력 업체나 업무와 관련된 공공기관 등도 주요 의사소통 대상이 된다.

사내 동료를 대상으로 한 의사소통능력 문제 예시

- A가 **동료인 박준석 씨에게** 급한 업무 요청을 하기 위해 할 말로 가장 적절한 것은?
- 상사의 지시 사항을 듣고 A가 **팀원들에게** 전달할 메모를 작성한 것으로 바른 것은?
- 다음은 ○○기획 마케팅사업부의 주간 업무 회의 내용이다. 이 회의에 팀의 대표로 참석한 A가 회의 주요 내용을 **동료들에게** 전달할 때 가장 적절한 말은?

외부 협력 업체 대상 의사소통능력 문제 예시

- ○○가구에 근무하는 A가 **거래처 직원으로부터** 받은 다음 메일에 대한 답신으로 가장 적절한 것은?
- 대표 업체의 직원인 A가 **공동 참가 업체의 실무자에게** 제안할 말로 가장 적절한 것은?

공공기관 대상 의사소통능력 문제 예시

- ○○복지관에 근무하는 A가 안전점검 사업 공고문을 읽고 **보건복지부의 담당** 직원에게 문의할 말로 가장 적절한 것은?
- ○○의료기기 총무부에 근무하는 A가 의료기기 재평가와 관련해 **식품의약안전처에** 발송할 공문으로 가장 적절한 것은?

일반 대중과 고객 등도 직무와 관련한 의사소통의 중요 대상이 된다. 직무자는 제품이나 서비스와 관련해 고객으로부터 질문이나 요청 등을 받는 경우가 많다. 특히 고객지원 부서에 근무하는 직무자의 경우 직무와 관련한 의사소통의 대다수가 고객을 대상으로 이뤄진다. 일반 대중을 대상으로 한 안내나 홍보 등의 업무도 직무의 중요한 비중을 차지한다. 일반 대중을 잠재적인 고객으로 볼 수도 있다.

그러나 의사소통 과제를 설정할 때 전화, 인터넷, 게시판, 대면 등 상대를 정확하게

알고 하는 의사소통과 불특정 일반 대중을 대상으로 하는 의사소통의 내용과 전략이
다르기 때문에 이 두 대상을 별개로 구분하고자 했다.

고객 대상 의사소통능력 문제 예시

- ○○식품의 고객지원팀 직원 A가 **고객과** 전화 상담을 하고 있다. A가 업무지침서의 내용을 참고
  해 **고객에게** 답할 말로 가장 적절한 것은?
- ○○구청에서 근무하는 A가 다음의 상황에서 **주민에게** 안내할 말로 가장 적절한 것은?

일반 대중 대상 의사소통능력 문제 예시

- ○○식품에 근무하는 A가 수입 재료 사용과 관련된 안내문을 작성하고 맞춤법, 띄어쓰기 등을
  점검 중이다. 다음 안내문의 문구 중 A가 수정해야 할 것은?

의사소통의 목적 이해하기

다른 사람을 향해 말을 하거나 글을 쓸 때는 반드시 목적이 있다. 앞에 가는 누군가를 향해 '저기요' 라고 외쳤다면 그 사람이 뒤를 돌아봤을 때 부른 이유에 대해 무언가 설명을 해야 한다. 아무런 목적 없이 그저 부르는 것이 목적이었다면 의사소통 행위로 볼 수 없으며 실없는 사람으로 취급받게 된다.

직무 상황에서 하는 의사소통에는 반드시 목적이 있다. 박재현·노국향[2]은 직무 기반 의사소통의 목적을 정보 전달, 설득, 친교 및 정서 표현, 그리고 협상의 네 개 범주로 구분했다. 이러한 구분은 직무와 관련된 의사소통의 문제를 만드는 데 매우 유용하게 활용될 수 있다.

첫째, 정보 전달을 목적으로 한 의사소통이다. 상사를 대상으로는 지시를 받고 업무를 수행한 후 업무 처리 결과를 보고하는 의사소통이 이뤄진다. 공공기관의 공지 사항을 이해하거나, 고객이나 대중을 대상으로 업무 내용을 홍보하기도 한다. 업무 처리 과정에서 동료나 거래처를 대상으로 내용을 설명하기도 한다.

정보 전달 의사소통능력 문제 예시

- 제약회사에 근무하는 A가 상사로부터 받은 **자료의 핵심 내용을 팀원들에게 전달하기 위해** 할 말로 가장 적절한 것은?
- ○○건축에 근무하는 A가 동료로부터 받은 **이메일을 읽고 파악한 내용으로** 가장 적절한 것은?

둘째, 설득을 위한 의사소통이다. 직무를 하다 보면 동료에게 업무와 관련해 요청을 할 때도 있고, 요청을 받을 때도 있다. 또 자신의 의견이나 제안을 통해 상사를 설득할 때도 있고, 고객에게 제품 수리가 완료될 때까지 기다려 달라고 설득할 때도 있다. 이렇게 설득을 해야 할 경우에는 상대방의 입장이나 형편을 고려해 적절한 설득의 방향이나 전략을 수립해야 한다. 반대로 설득을 당하는 경우라면 상대방의 설득 전략이나 내용을 잘 이해한 뒤 그 설득을 받아들일 것인지를 결정해야 한다.

설득을 위한 의사소통능력 문제 예시

- A가 동료인 박준석 씨에게 **긴급한 업무 협조를 요청하기 위해** 할 말로 가장 적절한 것은?
- 관리팀에 근무하는 A가 최고경영자에게 자신이 기획한 **채용 제도 개선안을 고려해줄 것을 요청하기 위해** 할 말로 가장 적절한 것은?

셋째, 직무를 할 때에도 직장 동료와 위로, 감사, 칭찬, 격려 등이 담긴 친교적 대화를 나누는 것이 필요하다. 조직 또한 인간이 모인 자리인 만큼 이 속에서 자신의 정서를 적절하게 표현하면서 상대의 마음을 위로하고 격려하는 것은 직무를 수행하는 데 매우 중요하고도 필수적인 활동이라 볼 수 있다. 즉 의사소통의 목적 중 하나는 친교를 위해서다.

친교를 위한 의사소통능력 문제 예시

- 다음 대화를 듣고 A가 **동료를 격려하기 위해** 할 말로 가장 적절한 것은?

- A가 전기기사 자격증에 떨어진 **동료에게 할 위로의 말**로 가장 적절한 것은?

- A가 직장 동료의 SNS 글을 읽고 **동료가 문제를 해결하는 데 도움을 주기 위해** 작성할 답글로 가장 적절한 것은?

직무를 하다 보면 회의나 토론 등을 통해 동료나 협력 기관과 협력을 위한 의사소통을 할 경우가 많다. 회의 과정에서 상대방을 설득하는 경우가 많으므로 이를 설득적 의사소통에 포함시킬 수도 있다. 그러나 협상, 조정, 협의 등은 상대와의 협력을 이끌어내기 위한 설득의 과정뿐 아니라 협력을 위한 구체적인 내용과 절차에 주의해야 한다는 점에서 '협력적 의사소통' 으로 별도의 범주를 설정했다.

협력적 의사소통능력 문제 예시

- 협력 업체와 납품단가 협상을 위해 회의에 참석했던 A가 과장에게 **협상 결과에 대해 의견을 개진**한 것으로 가장 적절한 것은?

- 대표 업체 직원인 A가 **공동 참가 업체 실무자와 협의**할 말로 가장 적절한 것은?

- ㈜○○의 상품개발팀 회의에 참석해 팀원들의 발언을 듣던 A가 **동료의 의견을 반박하면서 자신의 의견을 제안**하기 위해 할 말로 가장 적절한 것은?

- ○○광고에 근무하는 A가 다음 **계약서의 내용을** 이해한 것으로 가장 적절한 것은?

앞에서 이야기한 의사소통의 대상과 목적을 결합하면 다음과 같은 의사소통 활동 범주가 만들어진다. 이 표를 통해 이야기하고자 하는 것은 동일한 의사소통 활동이라도 대상에 따라 그 행위가 달라질 수 있다는 것이다. 예를 들어 정보 전달을 위한 의사소통의 경우 상사를 대상으로 한 정보 전달은 지시 또는 보고다. 반면 동료를 대상으로 한 정보 전달은 설명이지, 지시나 보고가 아니라는 것이다.

이와 같이 의사소통의 각 요소들은 의사소통의 내용, 목적, 그리고 전략을 설정하는 데 매우 중요한 역할을 담당하며, 이러한 역할은 독립적으로 기능하는 것이 아니라 상호 결합해 새로운 행위를 구성한다.

의사소통 활동	대상	의사소통 행위
정보 전달	상사	지시, 보고
	동료, 고객	설명, 전달
	고객	홍보, 안내
설득	고객, 동료	요청, 응대
	상사, 협력 업체, 정부기관	건의, 응대
협력	상사	조정, 조율
	동료, 협력 업체	협상, 조율
친교 및 정서	동료	친교, 조언
	상사	정서 표현

의사소통의 방법 이해하기

평가 도구에 실제적인 의사소통 과제를 부여하기 위해 의사소통의 대상과 목적을 고려했다면, 말로 전달할지 글로 전달할지에 대한 고려가 있어야 한다. 또한 수신자를 대상으로 메시지를 발신하는 것인지, 발신자의 메시지를 수신하는 것인지에 대한 고려도 있어야 한다. 즉 의사소통능력평가 틀의 한 축으로 '글로 써서 메시지를 전한다'와 같은 의사소통의 일정한 방법이 적용되어야 한다.

일반적인 국어능력 시험의 경우 주로 읽기 위주의 이해 능력의 비중이 컸는데, 직무 환경에서의 의사소통능력을 평가할 때는 말과 글, 이해와 표현이 균형을 이루는 것이 바람직하다. 실업계 고등학교의 국어과 교육을 재검토한 우한용은 학교에서 배우는 국어 교육과 학업성취도 평가가 학생들을 피드백 없는 수신자로만 다루고 있다고 지적했다. 더해서 기존의 이해 위주의 국어 교육은 지양되어야 하며 듣기, 말하기, 쓰기 등의 각 기능이 균형을 이뤄야 한다고 주장했다.

이는 비단 학교 교육에만 해당되는 사항이 아니다. 기업의 인적성 검사 역시 읽기 위주의 평가에 치중하고 있으며, 말이나 글로 표현하는 것보다는 이해를 묻는 문항이 대다수를 차지하는 실정이다. 문서 읽기나 정보를 수용하는 것만으로 일을 제대로 처리할 수 없다. 따라서 직무 기반 의사소통능력평가는 상대의 말을 경청하거나, 자신의 의견을 말로 표현하거나, 그리고 문서를 읽고 핵심 내용을 파악하거나, 필요한 내용을 적절한 형태의 문서로 작성하는 능력 등을 고루 포함할 필요가 있다.

또한 업무 지시나 업무 연락의 상당 부분이 말로 이뤄지는 직무 현실을 고려하면 직무 과제를 말로 지시하거나 회의 내용을 대화로 들려주는 듣기 평가는 직무자의 의사소통능력을 평가하는 데 반드시 필요한 요소다.

의사소통 방법의 범주는 구어/문어 그리고 이해/표현을 조합한 경청, 언어 구사, 문서 이해, 문서 작성을 주 내용으로 하는 NCS 의사소통능력 구분에 근거해 설정할 수 있다.

경청 능력(듣기) 문제 예시

- 다음 **안내 방송을 듣고**, 차량 관리 업무를 맡고 있는 A가 취해야 할 행동으로 적절한 것은?
- 상사의 **지시 사항을 듣고** A가 팀원들에게 전달하기 위해 메모한 내용으로 가장 적절한 것은?
- 자동차 서비스센터에 근무하는 A가 본사 담당자와 **전화 통화를 한 후** 확인해야 할 파일은?
- **회의 내용을 듣고** A가 파악한 핵심 내용으로 가장 적절한 것은?

언어 구사(말하기) 문제 예시

- 팀장의 질문에 A가 **답할 말로** 가장 적절한 것은?
- ○○통신에 근무하는 A가 고객 현황에 따른 판매 전략 중 1안의 장점을 부각시키기 위해 **할 말로** 가장 적절한 것은?
- ○○건설 사원 A가 '녹색 건축 인증' 심사와 관련해 **제안할 수 있는 의견으로** 가장 적절한 것은?

문서 이해(읽기) 문제 예시

- ○○건축에 근무하는 A가 **공고문을 읽고** 파악한 내용으로 적절한 것은?
- ○○인쇄 직원 A가 거래처 직원으로부터 수신한 다음의 **이메일** 내용을 제대로 이해한 것은?
- ○○은행 고객관리팀에서 근무하는 A가 다음의 **이메일을 읽고**, 제일 먼저 취할 행동으로 가장 적절한 것은?

- 다음은 ○○회사에 근무하는 A가 상사로부터 전달받은 업무 내용이다. A가 **작성해야 할** 표로 가장 적절한 것은?

- 다음은 A가 작성한 회의록이다. **회의 내용을 요약한** 것으로 적절하지 않은 것은?

이상에서 설명한 의사소통의 대상, 목적, 방법의 세 요소는 직무의 맥락에서 이뤄지는 의사소통을 매우 구체적이고 실제적인 것으로 구성하는 역할을 한다.

의사소통의 대상에는 상사, 동료, 고객, 공공기관, 협력사, 일반 대중이 포함된다. 그리고 의사소통의 방법에는 경청, 언어 구사, 문서 이해, 문서 작성이 있다. 의사소통의 활동에는 정보 전달, 설득, 협력, 친교 및 정서 등이 존재한다. 이들 세 요소들을 3원 구조로 결합하게 되면 작은 네모, 즉 상사로부터 업무와 관련된 정보를 듣는 의사소통 활동이 만들어지며, 이와 관련된 문제를 개발하는 데도 매우 유용하게 사용할 수

직무 기반 의사소통능력평가의 3원 구조에 근거한 문제 구성 예시

→ 상사로부터 업무 관련 정보를 듣고
취할 조치를 마련하는 문제

있다. 또 다른 예로는 대상에서 협력사를, 방법 중에서 문서 작성을, 활동에서 설득을 선택할 수 있겠다. 이 경우 협력사로부터 업무 협조를 얻기 위해 협조공문을 작성하는 문제를 만들 수 있다.

이상에서 논의한 내용들이 직무에서 의사소통을 제대로 하기 위해 고려해야 할 요소들과 그 요소들 간의 관계를 이해하는 데 도움이 되었기를 바란다. 만약 오늘 아침 눈을 떴을 때 오늘 당장 업무를 시작해 달라는 반가운 문자를 받았다 하자. 당신은 과연 직장에서 상사와 동료들과 의사소통을 할 준비가 되었는가? 궁금하다면 다음에 제시된 검사를 통해 진단을 한번 해보도록 하자.

직무 기반
의사소통능력
진단하기

다음 페이지에는 직무 기반 의사소통능력을 진단하기 위한 문제들이 제시됩니다. 문제를 풀 때는 자신이 문제에 등장하는 직무자라 생각하고, 문제에 주어진 상황에서 자신이 생각하는 최선의 의사소통 조치를 선택하거나 작성하기 바랍니다.

직무 기반 의사소통능력을 평가하는 문제는 매우 다양할 수 있으며, 진단도구에 포함된 문제는 이 책에서 소개한 대상, 목적, 방법의 세 요소를 결합해 만들어질 수 있는 문제 유형을 중심으로 한 일부 예시일 뿐 의사소통능력평가 전체를 대표하는 것은 아니라는 점을 밝힙니다.

진단도구는 선택형 문항과 더불어 스스로 답안을 작성하는 문항이 포함되어 있습니다. 질문에 제시된 지시 내용을 파악해 실제 직무를 하듯이 답안을 작성하기 바랍니다. 진단이 끝나면 문항 정답 및 해설을 참고해 자신의 의사소통능력을 진단하기 바랍니다.

진단도구에 포함된 문제는 직무 기반 의사소통능력을 평가하기 위한 목적으로 개발된 것으로, 지문에 제시된 행정 조치나 법령에 관한 사전 지식이나 경험을 활용하지 말고, 오직 자료에 주어진 정보를 기준으로 문제를 풀어야 합니다. 지문으로 사용된 각종 자료의 실명, 날짜, 내용 등은 본 장의 의사소통 문제 구성을 위해 의도적으로 수정하거나 재구성했음을 밝혀두는 바입니다.

* QR코드가 있는 문항은 경청 능력을 묻는 문항입니다. QR코드에 휴대전화나 QR코드를 인식할 수 있는 기기를 가져다 대면 음성 지문을 들을 수 있습니다. 잘 듣고 문제를 풀기 바랍니다.

 〈듣기 문항〉

01   ○○도시가스에 근무하는 A가 상사의 요청에 따라 작성할 표로 가장 적절한 것은?

①
비고(1,000,000㎡/%)		광주	대구	인천	전국
2013년	소비량	599.3	966.1	1,569.8	24,623
	보급률	94.2	81.7	89.5	76.5
2014년	소비량	590.4	970.5	1,569.9	24,942
	보급률	96.6	84.6	89.6	78.6

②
비고(1,000,000㎡/%)		전국	인천	대구	광주
2013년	소비량	24,623	1,569.8	966.1	599.3
	보급률	76.5	89.5	81.7	94.2
2014년	소비량	24,942	1,569.9	970.5	590.4
	보급률	78.6	89.6	84.6	96.6

③
비고(1,000,000㎡/%)		전국	광주	대구	인천
2013년	소비량	24,623	599.3	966.1	1,569.8
	보급률	76.5	94.2	81.7	89.5
2014년	소비량	24,942	590.4	970.5	1,569.9
	보급률	78.6	96.6	84.6	89.6

④
비고(1,000,000㎡/1,000,000톤)		전국	광주	대구	인천
2013년	소비량	24,623	599.3	966.1	1,569.8
	수용가수	24,942	590.4	970.5	1,569.9
2014년	소비량	15,760	546.5	799.2	1,004.5
	수용가수	16,379	568.7	847.5	1,027.8

〈듣기 문항〉

02 다음은 광고기획업체 ㈜○○애드 직원들이 회의에서 나눈 대화다. 인쇄소를 설득하는
임무를 맡은 A가 사용할 전략으로 가장 적절한 것은?

① 고객사에서 지난번 시안을 마음에 안 들어 했다고 사실대로 전달하고, 새 시안
나올 때까지 기다려 달라 해야지.

② 상당 부분 제작이 진행된 점은 미안하지만 고객사 요청을 거절할 수 없는 우리
입장을 봐서 협조해 달라 말해봐야지.

③ 시안대로 제작해 달라 해놓고 이제 와 디자인을 바꾸겠다 할 수는 없지. 이번
건은 그냥 진행하라 해야겠어.

④ 계약서에 우리 측에서 수정을 요청하면 인쇄소 측이 받아주기로 돼 있으니, 새
시안대로 다시 작업해 달라 해야지.

 〈듣기 문항〉

03 회의에서 마지막 발언을 한 A는 자신의 말이 적절하지 못했다는 생각을 하게 되었다. A가 자신의 발언의 문제점을 파악하고 수정한 표현으로 가장 적절한 것은?

문제점	말하기 방식 대안
① 상대 의견을 직접적으로 반대하는 것은 상대의 체면을 손상하게 된다. 차이점보다는 일치되는 부분을 강조해서 말해야 한다.	"그렇네요. 노인층 인구 비중이 커지는 것은 세계적인 추세이지요. 청년층보다 인구 비중이 큰 노인층을 공략하는 게 좋을 거 같네요."
② 효과적인 회의 진행을 위해 논의가 화제에서 벗어나지 않는지 계속 점검하면서, 이를 바로잡는 의견을 개진해야 한다.	"지금 청년층 대상 마케팅 회의입니다. 신혼부부까지 마케팅 대상을 넓히자는 아이디어가 나왔는데, 갑자기 노인층을 언급하는 건 회의 진행에 도움이 되지 않네요."
③ 상대 의견을 존중하는 태도로 칭찬하고, 의견이 채택되기를 바라는 심정으로 추가적인 근거를 요구한다.	"정말 좋은 생각이네요. 그런데 노인층의 인구 비중과 자동차 구매 심리에 대한 통계 자료가 필요할 거 같아요."
④ 처음부터 상대와의 의견 차이를 강조하거나 지나치게 시비를 가리기보다는 상대 의견을 존중한 후 문제점을 언급해야 한다.	"그렇게 생각할 수도 있겠네요. 노인층의 시장이 커진 건 맞지만 그것이 자동차 소비와 직결될지는 좀 더 고민해봐야 할 거 같아요."

04 A가 작성한 회의록 내용 중 바르지 <u>않은</u> 것은?

마케팅부 회의록		
1. 일시	20△△년 3월 10일 (화) 15 : 00 ~ 16 : 00	기록자: A
2. 장소	본관 2층 마케팅부 회의실	
3. 참석자	마케팅부 정 부장, 나 과장, 최 과장, 박 대리, 서 대리, A	
4. 안건	20△△년도 2분기 대비 마케팅 전략 수립	

5. 회의 내용

① 지난 분기의 실적 설명: 청년층 대상 마케팅 전략은 성공적이었으나, 전반적인 소비 심리 위축과 국내 외제차 시장 증가로 이전 분기 대비 판매 실적은 감소함.

② 마케팅 대상 재설정과 관련해 자녀가 있는 신혼 가정에 대한 의견이 있었음. 이 대상은 현재 사회적으로 비중이 크지 않다는 문제점이 제기됨.

③ 마케팅 대상으로 인구 비중이 커지는 노인층에 대한 의견이 제시됨. 단순 인구 비중과 자동차 소비층을 동일시할 수 없다는 문제가 제기됨.

④ 마케팅 대상 설정에 대해 구체적 근거 자료와 마케팅 전략을 준비해 다음 회의(3월 13일 15시, 본관 2층 마케팅부 회의실)에서 재론하기로 함.

 〈듣기 문항〉

05~06 영화 배급업체 (주)○○영상과 영화 제작사 직원들의 대화를 듣고 이어지는 물음에 답하시오.

05 회의에 참석한 (주)○○영상 직원 A가 이해한 것으로 바른 것은?

① 홍보를 포함한 영화 제작 비용은 총 50억 정도가 되겠구나.

② 결국 우리 회사는 원금을 회수하는 안정적인 방법을 선택했구나.

③ 협상 결과를 생각하면 이 영화의 손익분기점은 150만 관객이 되겠구나.

④ 관객 수를 설정할 때 100만 단위로 하든 10만 단위로 하든 전체 관객 수가 같기 때문에 발생하는 추가 수익에는 변화가 없겠구나.

06 결정된 협의 내용을 재확인하기 위해 A가 질문할 내용으로 가장 적절한 것은?

① 저희가 1억 5천을 투자하고, 손익분기점 초과 시 관객 50만 명당 1억 원씩을 받는 게 맞습니까?

② 저희가 2억을 투자하고, 손익분기점 초과 시 관객 1만 명당 20만 원씩을 받는 게 맞습니까?

③ 저희가 2억을 빌려주고, 손익분기점 초과 시 관객 50만 명당 1억 원씩을 받는 게 맞습니까?

④ 저희가 2억을 빌려주고, 손익분기점 초과 시 관객 1만 명당 20만 원씩을 받는 게 맞습니까?

〈듣기 문항〉

07 프리랜서 사진작가 A가 변호사와 나눈 전화상담 내용을 듣고 A가 취할 조치로 가장 적절한 것은?

① 상대 회사에 원판 사진을 돌려 달라 요구한다.

② 상대 회사에 무단으로 사용한 이미지 사진의 제작 비용을 요구한다.

③ 상대 회사에 자신이 찍은 사진을 앞으로는 사용하지 말 것을 요구한다.

④ 상대 회사가 제작한 선물 특선 광고를 통해 발생한 수익의 일부를 요구한다.

08 ○○공사 노사협력처에 근무하는 A가 다음 이메일의 내용을 상사에게 보고하기 전 담당자에게 전화를 걸어 확인할 내용으로 가장 적절한 것은?

보내는사람 :	김대한 과장
받는사람 :	"○○공사" aaaa@○○.or.kr
제목 :	건강한 일터 만들기 업무 협약 추진 관련

업무 협약 담당자님께

안녕하세요. 산업보건협회에서 '건강한 일터 만들기' 업무 협약 진행을 담당하고 있는 김대한 과장입니다.

지난번 회의 때 협약 후 산업보건협회에서 제공할 수 있는 지원 서비스 목록을 요청하셨습니다. 확인 결과 주요 지원 서비스는 산재 예방 및 근로자 건강 증진을 위한 안전 보건 교육, 기술 지원 등이 될 거라 합니다. 또한 이번 협약의 핵심 내용 중 하나가 방문을 통한 직무 환경 개선 컨설팅인데, 방문 횟수 및 방문 부서 범위 등을 결정하기 위해선 이와 관련된 귀사의 정보를 확인할 필요가 있어 요청을 드립니다. 저희 협회는 일반적으로 산재 예방 및 근로자 건강 증진을 위한 안전 보건 교육, 기술 지원 등은 무료로 제공하지만, 방문을 통한 직무 환경 개선 컨설팅은 유료로 책정하고 있습니다.

지난번 회의 때 이번 업무 협약안에 건강뿐 아니라 산재 예방 등 안전에 관한 교육 내용도 포함돼 있으므로, 협약 명칭에 '안전'을 포함시켜 진행하자는 의견도 있었습니다. 본 협회에서는 협약 명칭 변경에 특별한 이의가 없으니 명칭에 대한 구체적 안도 보내주시기 바랍니다. 관련 자료를 보내주시면, 협약서 초안을 작성해 보내드리도록 하겠습니다.

A

"안녕하세요? 보내주신 메일 잘 받았습니다.
협약서 작성 전에 확인할 사항이 있어서 전화드렸습니다.
                                                            "

① 방문 서비스를 제한적으로 제공한다 하셨는데, 특별한 이유가 있나요?

② 직무 환경 개선 컨설팅의 경우 방문 횟수와 방문 범위에 따른 비용은 어떻게 되나요?

③ 건강한 일터 만들기 협약에서 안전 교육 문제를 꼭 다뤄야 할까요?

④ 산재 예방 같은 안전 교육 사항은 근로자가 요구해야 하는 건가요?

09 ㈜○○푸드 마케팅사업부에 근무하는 A가 다음 월간 업무회의의 내용을 부서 동료들에게 설명한 것 중 바르지 않은 것은?

월간 업무회의 회의록		
1. 일 시	20△△년 5월 13일(수) 09 : 00~10 : 30	기록자 A
2. 장 소	본관 3층 소회의실	
3. 참석자	신상품개발부 : 김대한 부장, 이민국 차장 생산개발부 : 김동해 부장, 박서해 사원 기획조정실 : 김사랑 실장, 최소망 팀장 마케팅사업부 : 전인희 부장, A	
4. 안 건	• 재능 기부 사업 안내 • 상반기 발매 예정 신상품 안내 • 신상품 개발 비용 절감 방안 협의	

5. 회의 내용
- 마케팅사업부: 정부의 재능 기부 사업에 대한 설명이 있었음. 김치 공장과 고추장 공장에 체험학습장 설치 의견 제시. 추후 구체적인 제안서를 제출하기로 함.
- 생산개발부: 내년 상반기에 발매 예정인 신상품 ○○○의 생산에 대한 자세한 설명이 있었음. 디자인에 대한 참석자의 의견 교환이 있었음. 개발에 있어서 장애가 되는 점에 대해 부서별 협의를 거침.
- 신상품개발부: 신상품 개발 비용의 절감과 시간 단축을 위해 마케팅부에 협조 요청을 했음. 기획조정실에서 다음번 회의 시까지 전체 예산안에서의 비용 조절을 하기로 함.
- 다음 회의일: 5월 20일(수) 09 : 00~10 : 30

① "신상품 개발 비용은 기획조정실에서 조절하기로 했습니다."

② "생산개발부는 내년 상반기에 발매할 신상품 ○○○을 생산할 것입니다."

③ "고추장 공장의 체험학습장 설치는 마케팅사업부에서 추진하기로 했습니다."

④ "신상품개발부는 신상품 개발 비용의 절감과 시간 단축을 위해 생산개발부에 협조 요청을 했습니다."

10　○○발전소의 경영연구팀에 근무하는 A가 최고경영자에게 지역별 채용 제도를 도입하자는 취지의 건의를 하려고 한다. A가 자신의 의도한 바를 적절하게 표현하지 <u>못한</u> 것은?

①　'건의 주제를 말씀드려야지' ➡ 안녕하십니까? 경영연구팀 직원 A입니다. 저는 오늘 사장님께 지역별 채용 제도를 도입할 것을 제안합니다.

②　'문제점을 말씀드리자' ➡ 지방자치단체가 주관하는 공무원채용시험은 거주지 채용 제도를 오래전부터 실시하고 있습니다. 우리 발전소에서 채용 문화를 선도하지 못하고 있는 건 큰 문제라 생각합니다.

③　'해결 방안을 말씀드려야지' ➡ 현재 본부에서 필요한 인원을 일괄 채용한 후 5개 발전본부에 배치하는 현재의 채용 방식을, 지역발전본부별로 필요한 인원을 충원하는 방식으로 바꾸는 것이 좋은 해결책이라 생각합니다.

④　'해결책의 기대 효과를 말씀드려야지' ➡ 지원자들이 지역발전본부에 직접 지원하게 되면, 현재의 채용 방식을 통해 자신의 희망 근무 지역이 아닌 곳에 배치된 직원들의 불만족이나 스트레스 문제가 해결될 것이므로, 근무 만족도와 고용 안정 효과가 있을 것이라 생각합니다.

11 ○○관광 마케팅팀 사원 A가 다음 메모를 읽고 취할 행동으로 가장 적절한 것은?

> A에게
>
> 이번에 '한옥스테이 활성화를 위한 온라인 홍보 마케팅'과 관련해 용역 입찰 공고를 올릴 예정이니, 입찰 공고문과 제안 요청서 검토를 부탁하네. 지난 회의에서 입찰 참가 자격을 "최근 3년간(공고일 기준) '온라인 마케팅'과 관련해 다음 각 호의 어느 하나에 해당하는 업체 ①1억 원 이상의 단일 사업 실적 보유 ②누적 사업 실적 총액 5억 원 이상 보유"로 정하기로 결정했는데, 공동수급방식(컨소시엄)을 허용할지에 대해 경영팀과 협의가 필요하네. 그리고 이번 제안 요청서에서 특히 중요한 것은 한옥스테이에 대한 검색 엔진 홍보뿐 아니라 SNS 홍보를 강조하는 걸세. 이런 내용을 고려해서 입찰 공고문과 제안 요청서 초안에 문제가 없는지 검토 부탁하네.
>
> – 김 과장

① 누적 사업 실적 총액이 5억 원 이상인 업체 목록을 작성한다.

② 이전 용역 입찰 건 중 공동수급방식으로 인한 피해 사례를 정리한다.

③ 제안 요청서에 SNS 홍보에 대한 요구가 분명하게 제시되어 있는지 확인한다.

④ 입찰 참가자들이 제출한 제안서가 해당 요건에 부합하는지 비교표를 작성한다.

12 ㈜○○물산 인사관리부 직원 A가 다음 질의에 대해 답변하기 전에 확인할 사항으로
   가장 적절한 것은?

수신 :   "㈜○○물산 인사관리 담당자" HR@OO.co.kr
발신 :   ○○○
제목 :   사원 채용 규정에 관한 질의

1. 귀 회사의 채용 안내문에는 인턴(수습) 사원의 경우 인턴(수습) 기간 종료 전 실시한 근무 성적
   평가 결과에 따라 정직원 임용 여부를 결정한다고 되어 있습니다. 세부 설명에서는 '근무 성적이
   나 태도 등에 특별한 결격 사유가 없다면' 이라는 단서가 달려 있습니다. '태도'가 '근무 성적'과
   별도로 구분되어 평가되는 대상인지 확인 부탁드립니다.
2. 귀 회사는 열린 채용 방식을 택해 학력, 전공 등에 제한을 두지 않는다 했는데, 세부 내용을 보면
   관련 전공 학생들은 내규에 의거 우대한다 했고, 또 경력직 채용의 경우 전공의 제한이 있을 수
   있다고 돼 있습니다. 〈고용정책기본법〉에서 취업 기회의 균등한 보장을 위해 "사업주는 근로자를
   모집·채용할 때에 합리적인 이유 없이 성별, 신앙, 연령, 신체조건, 사회적 신분, 출신지역, 학력,
   출신학교, 혼인·임신 또는 병력(病歷) 등을 이유로 차별을 하여서는 아니 되며, 균등한 취업 기
   회를 보장하여야 한다"라고 규정하고 있는데, 채용 시 전공에 제한을 두는 것은 이 조항에 위배
   된 것이 아닌지 궁금합니다.

---

① 인턴(수습) 사원의 정직원 채용 시 '근무 성적' 결과를 기준으로 삼는 것이 취
  업 기회의 균등한 보장 원칙에 부합하는지 여부.

② 인턴(수습) 사원의 정직원 채용 시 '태도' 항목 평가가 고용정책기본법에 위배
  되는지 여부.

③ 회사 인사 내규상 관련 학과 학생들에게 별도의 채용 할당을 두는 것이 학력을
  이유로 차별하는 것에 해당하는지 여부.

④ 회사 인사 내규상 경력직 채용 시 전공 제한을 두는 것이 고용정책기본법에 위
  배되는지 여부.

13 ○○도로공사에 근무하는 A가 다음 상황에서 요약할 말로 가장 적절한 것은?

"첨부 자료를 검토한 후 그 핵심 내용을 한 문장으로 요약해 알려주세요."

– 김 과장

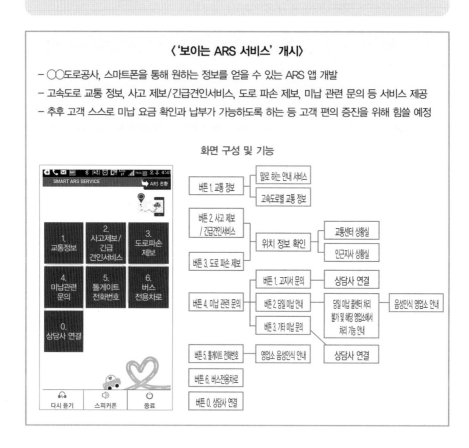

① ○○도로공사에서 고속도로 교통 정보에 대한 음성 안내를 종료할 예정임.

② ARS 앱을 통해 상담사 없이도 미납 요금 확인이 가능해져 고객 편의가 증대될 것임.

③ 스마트폰을 통해 고속도로 관련 제반 서비스 이용이 가능해졌고, 기능도 확대될 예정임.

④ '사고 제보/긴급견인서비스'를 선택 시 가장 가까운 경찰서로 연결되어 신속히 견인서비스를 받을 수 있게 했음.

14 ○○제조 총무과의 A가 팀장의 지시로 상품 매매 계약서를 검토하고 있다. A가 다음
계약서의 내용을 <u>잘못</u> 이해한 것은?

상품 매매 계약서

매도인 ○○제조(이하 "갑"이라 한다)와 매수인 틴업도매(이하 "을"이라 한다)는 상호 간에 다음과
같이 매매계약을 체결한다.

제1조 [목적물의 표시]

제품명	MODEL명	수량	단가	금액
세종탭	ADU-012	100	800,000	80,000,000
누리폰	SEN-001	300	450,000	135,000,000

제2조 [매매 대금]

매매 대금은 총액 일금 이억 천오백만 원 정(₩215,000,000){부가세 비포함, 부가세 10%는 "을"
측에서 지급}으로 하고, 을은 갑에게 다음과 같이 지불하도록 한다.
금일 계약금으로 일금 이천백오십만 원 정(₩21,500,000)을 지불하고, 20△△년 5월 10일까지 제
1조에 표시된 물품들이 을의 본사 창고에 입고된 후, 1개월 이내에 남은 대금을 일괄 지불한다.

제3조 [인도 기일]

"갑"은 "을"에게 제1조에 표시된 물품들을 20△△년 5월 10일까지 "을"의 본사 창고에 인도하도록
한다.

제4조 [위험 부담]

제1조에 표시된 물품들에 대해 위 제3조의 인도기일까지 "갑" 또는 "을"의 책임이 아닌 사유로 물
품이 훼손 또는 멸실되었을 때는 을은 대금의 지불을 면한다.

제5조 [보증 의무]

"갑"은 제3조의 인도일 1개월 전까지 시제품을 제공해 제1조의 물품이 사양서대로의 성능을 가지
고 있다는 것을 증명하도록 한다.

제6조 [하자 보수 책임]

"갑"은 "을"에 대해 상기 물품당 6개월 동안 품질과 성능을 보증하고, "을" 측의 과실이 아닌 자연
스러운 고장에 대해서는 무상으로 교환해줄 의무를 진다.

제7조 [계약의 해제]

1. "을"이 제2조의 매매 대금을 지불하지 않았을 때는 본 계약은 해제된 것으로 하고, "갑"은 즉시
   물품들을 회수할 수 있다.
2. 위 1항의 경우, "갑"의 물품 운송비, 물품 관리비, 물품 회수비 등에 필요한 비용은 일체 "을"의
   부담으로 하고, 동시에 "갑"은 그 이외의 손해배상으로 계약금을 취득할 수 있다.

20△△년 3월 10일

① 4월 10일까지 우리 제품이 사양서에 맞는 성능을 갖췄는지를 틴업도매에 증명 해보여야 하는구나.

② 납품 후 6개월 이내에 발생한 하자 제품에 대해서는 틴업도매 측 과실이 아닌 한 무상으로 교환을 해줘야 하는구나.

③ 계약금은 이미 들어왔고, 잔금은 납품 후 1개월 내에 몇 번에 나눠 받는 조건이 구나.

④ 틴업도매가 잔금을 지불하지 않는 경우에는 제품을 우리가 도로 갖고 계약금 21,500,000원은 돌려주지 않아도 되는구나.

15 ○○복지관에 근무하는 A가 다음 공지문을 읽고 생각한 것 중 잘못된 것은?

복지기관 무료 안전점검 사업 안내

1. 목적 및 기대 효과

1) 전문가 안전점검을 통해 이용자 및 임직원 보호 강화

2) 위험 요소 발굴을 통한 시설 개·보수 및 기능 보강 예산 신청 시 결과리포트 참고자료로 활용

2. 사업 내용

1) 안전점검 기간: 7월 ~ 12월

2) 대상: 전국 사회복지기관 70개소 내외(월 10개소 내외*6개월)

3) 선정기준

　가. 안전점검 필요성

　나. 신청 기관 소재 지역, 시설/대상자 유형 등 안배(전국 복지시설 통계 기준)

　다. 공제사업 이용* 및 미이용 기관 각 50% 내외 배정 등

　　* 정부 지원 종사자 단체상해 등 공제보험 가입 기관 우대

4) 점검팀 : 공제회 4개 제휴보험사 안전점검 전담부서 및 자회사

5) 점검 방법 및 내용

　　-1시설당 시설 규모에 따라 1~2시간 내외 현장 점검

　　: 담당자 인터뷰, 시설물 점검(건축물, 전기, 소방 등 전반), 현장 코멘트

　　-결과 리포트 제공(점검 후 2~3주 이내)

6) 신청 기간 및 방법

　　-신청 기간 : 6월 12일 ~ 6월 24일

　　-붙임 신청서(시설물 정보지 포함) 작성 후 이메일 또는 팩스 제출

　　*이메일 secure@wellbeing.or.kr / 팩스 00-000-0000

　　*신청서 내용 확인이 용이하도록 가급적 이메일 제출 요망

7) 기관 선정 발표 및 방문 일정 조율

　　-선정 발표: 7/1(예정) 공제회 홈페이지(www.wellbeing.or.kr) 공지 및 개별 연락

　　-방문 일정 조율: 7/1~7/8

8) 유의사항

　　-상기 일정 및 내용은 일부 변경될 수 있습니다.

　　-본 사업은 전문가에 의한 시설물 기본 점검으로 정밀 안전진단은 아닙니다.

　　-선정된 기관에는 방문 시(또는 사전) 건축물 및 소방 설비 등의 대장과 도면 등을 요청할 수 있

　　　으며, 방문 일정 조율에는 최대한 협조를 바랍니다.

　　-점검 대상기관 선정 결과에 대해서는 이의를 제기할 수 없습니다.

9) 문의전화 : 00-000-0000 (담당 P과장)

3. 별첨 : 신청서 양식 1부. 끝.

① '신청서를 잘 작성해 70개 기관 안에 들어가야 안전진단 혜택을 볼 수 있어.'

② '이 사업을 통해 안전점검을 받게 되면 내년 복지관 보수 예산 확보에도 도움이 되겠네.'

③ '우리 기관의 숙원 사업이었던 우리 복지관의 정밀 안전점검 문제를 해결할 수 있는 좋은 기회가 왔네.'

④ '우리 기관은 정부의 공제보험에 가입돼 있으니 심사에서 우대를 받을 수 있겠어.'

16 (주)틴업기획의 총무과에 근무하는 A가 다음 상황에서 취할 조치로 가장 적절한 것은?

> 총무팀장: 지난주에 (주)○○광고의 광고훈련원에서 교육을 마친 우리 직원이 있어요. 교육비를 환급받아야 할 텐데, 여기 이 훈련 위탁 계약서를 참고해서 A씨가 처리 좀 해주세요.

지식재산권 훈련 위탁 계약서

본 계약의 (주)틴업기획(이하 '갑'이라 한다)과 (주)○○광고(이하 '을'이라 한다)는 갑의 지식재산권 훈련에 대한 위탁 교육을 다음과 같이 체결한다.

제1조(계약 범위 및 내용)
가. 계약 범위는 고용노동부로부터 인정·지정 교육과정으로 해당 규정에 한한다.

나. 계약 내용

훈련 과정명	훈련 기간	위탁 인원	훈련 일정	1인당 훈련비	훈련 교재
지식재산권 기초반	20△△년 4월 1일 ~ 5월 29일	1명	2개월	1,000,000원	별도 교재

다. 훈련참가자(별첨 가능)

소 속	성 명	부 서	직 위	주민등록번호	연락처

제2조(수료)
을은 훈련과정 인정·지정상의 교육 수료 기준을 취득한 교육생에 대해서는 수료 처리하고 수료증을 발급한다.

제3조(성실의무)
가. 갑과 을은 본 계약서에 의거 교육의 효율적인 진행과 교육 목표가 이뤄질 수 있도록 상호 협력해 제반 사항을 성실히 이행해야 한다.

나. 갑은 을의 중대한 과실로 인해 교육이 이행될 수 없을 경우 교육의 중단을 요구할 수 있으며, 을은 기 지급된 교육비의 잔액을 갑에게 환불한다.

다. 을은 교육을 실시함에 있어 고용노동부장관으로부터 인정·지정 신청 시 관할 지방노동관서의 장에게 제출한 교육 실시 계획서에 따라 성실히 실시한다. 허위나 부정한 방법으로 교육을 실시하는 등 을의 귀책사유로 관할노동관서의 장에 의해 당해 교육과정이 취소되어 갑이 고용보험법 및 근로자직업훈련 촉진법에 의해 교육 비용을 지급받을 수 없을 경우 을이 책임을 진다.

제4조(고용보험 환급 절차)

을의 광고교육원 훈련 과정은 고용노동부에서 고용보험 환급을 받을 수 있는 교육과정으로, 고용보험 환급 절차는 다음과 같다.

가. 갑과 을은 교육 개시일 전에 위탁교육 계약서를 상호 체결하며 계약서 사본 1부를 고용노동부에 제출한다.

나. 과정을 수료한 후 갑의 관할 노동청에, 신청 양식에 교육비 영수증을 첨부해 제출하면 고용보험 교육비를 환급받는다.

다. 고용보험 환급액은 1인당 1,000,000원(전액)이다. 단, 고용보험은 개인에게 환급되지 않고 법인(회사)으로 환급이 가능하다.

제5조(해석 및 합의)

본 계약서상의 조문 해석과 관련해 쌍방 간의 이견이 있을 경우에는 상호 협의해 결정하며, 단 계약서상에 명시되지 아니한 사항은 협의한 바에 따른다.

이 계약을 증명하기 위해 계약서 2부를 작성하고, 기명날인 후 "갑"과 "을"이 각각 1부씩 보관한다.

20△△년 3월 25일

갑 회 사 명 : (주)틴업기획   을 교육기관명 : (주)○○광고

① 교육을 수료한 직원에게 교육비 환급 신청을 하라고 알려줘야겠네.

② 위탁교육 계약서가 4월 1일 전에 고용노동부에 제출됐는지를 확인해야겠네.

③ (주)○○광고에 환급금 신청에 필요한 수료증을 나에게 보내달라 요청해야 겠네.

④ 고용보험 환급 신청서를 제출하기 위해 ○○광고의 관할 노동청이 어디인지를 확인해야겠다.

17 (주)○○의류 사원 A는 이번에 출시될 다운재킷의 제품 설명서에 들어갈 제품 세탁법을 작성하고 있다. 다음 세탁 안내문의 ⑤~② 중 A가 어법에 맞게 수정해야 할 표현은?

다운재킷 세탁 방법

	1. 모든 지퍼와 벨크로를 ⑤잠그고 트리밍(양털, 라쿤 등)을 따로 분리합니다.
	2. 40℃의 미온수에 소량의 액체 세제(다운재킷 전용)를 풀어 ⓒ담궈줍니다.
	3. 목, 소매 부분 등 때가 타기 쉬운 부분을 ⓒ해어지지 않게 조물조물 주물러줍니다.
	4. 약 10~15분 손 세탁 후 세제가 완전히 제거될 수 있도록 3회 이상 헹궈줍니다.
	5. 탈수기에 넣고 헹굼+탈수를 작동해 물기를 완전히 제거한 후, 옷걸이에 걸어 통풍이 잘 되는 그늘에서 건조합니다.
	6. 잘 건조된 다운재킷을 빈 페트병이나 손으로 ②두들겨 다운의 분포를 고르게 해줍니다.

♧ 주의 사항
• 제품의 정확한 세탁을 위해 제조사의 의류 관리법을 꼭 따라주세요.
• 가루 세제, 표백제, 섬유 유연제는 사용하지 말아주세요.

① ⑤잠그고   ② ⓒ담궈

③ ⓒ해어지지   ④ ②두들겨

18 ○○상사의 총무팀에 근무하는 A가 다음 물품 목록 대장의 '처분 결정'란에 적어야 할 용어로 가장 적절한 것은?

이 회의용 탁자 말야. 사용하지도 않는데,
자네가 지침 찾아서 규정 확인하고 처리 좀 해주게.

불용 물품의 처리 지침

2조(적용 범위) 이 지침은 본 상사에서 업무 수행에 사용되는 물품 중 불용 처분하는 물품(사용 불필요, 사용 불가능)을 대상으로 한다.

8조(물품 관리관의 불용 결정) 물품 관리 담당자는 물품 상태에 따라 사용 가능 물품(신품, 중고품, 정비를 요하는 물품)과 사용 불가능 물품(폐품)으로 분리한 후, 사용 불가능 물품의 경우 폐기하고 사용 가능 물품의 경우 불용품 소요 조회를 실시해 다른 기관에 관리 전환을 하거나 매각·양여·해체·재활용 등의 처분을 해 관리를 종결한다.

[불용품의 처리 흐름도]

재물조사 → 불용 대상품 반납 → 불용 대상품 상태 분류 → 관리 전환 / 소요 조회 → 불용품 처분

이 탁자는 다른 부서에서도 딱히 필요로 하지 않으나,
아직 쓸 만하니 인근 도서관에 무상으로
넘기는 게 좋겠어.

(A)

불용 결정 승인 물품 목록

기관명: ○○상사   작성일자: 20△△년 4월 8일

물품분류 번호	품명	규격	수량	장부가액 (원)	연월	상태	물품 소재지	보관 부서명	처분 결정
ER001-37	회의용 탁자	250cm × 180cm	1	120,700	2004.12.7	사용가능 물품 (중고품)	7층 회의실 (724호)	경영 기획팀	

① 매각   ② 양여   ③ 폐기   ④ 해체

19 ○○산업 직원 A가 다음 보도 자료를 참고해 해외 구매 대행 서비스를 이용해 음향 장비를 구입할 때 사용할 점검표를 작성했다. 다음 점검표의 항목 중 A가 수정해야 할 것은?

소비자보호협회

보도자료

20△△년 2월 9일(월) 배포
20△△년 2월 10일(화) 조간부터 보도 가능

소비자정책국 소비자안전정보과
담당: S 조사관(044-000-0000)

해외 구매 대행 서비스 피해 주의보 발령

가. 해외 구매 대행 서비스 소비자 피해 사례

□ 반품·환불을 요청할 때 고액의 수수료와 위약금을 요구하거나 상품의 하자로 인한 반품임에도 배송 비용을 요구함.

> 【사례】K씨는 해외 구매 대행업체를 통해 나이스 신발을 구입했는데 배송된 제품에 하자가 있어 반품을 요청함. 해당 업체는 배송 비용으로 45,000원을 소비자가 부담해야 한다고 요구함.

□ 주문한 제품과 다른 제품이 배송되거나, 정품이 아닌 제품이 배송됨.

나. 소비자 유의 사항

□ 해외 구매 대행업체를 통해 제품을 구매할 때 교환, 반품, 환불에 관한 안내를 정확히 확인해야 함.

□ 해외 구매 대행업체에서는 해외 배송을 이유로 교환이나 반품·환불이 되지 않는다고 안내하는 경우가 있으나, 해외 구매 대행 서비스에도 국내법이 적용되므로 다른 온라인업체와 동일하게 제품을 공급받은 날부터 7일 이내에 청약을 철회할 수 있음.

  – 단순 변심에 의한 청약 철회의 경우 반품 비용을 소비자가 부담해야 하지만, 소비자에게 청약 철회를 이유로 위약금이나 손해배상을 청구할 수 없으므로 반품 수수료 등을 사전에 고지하는지 확인해야 함.

□ 배송 지연, 파손·분실 등과 관련한 분쟁이 계속 발생하고 있으므로, 사전에 배송 조건과 보상 내용을 확인해야 함.

  – 통신 판매업 신고 여부와 '결제 대금 예치(에스크로)' 또는 '소비자 피해 보상 보험' 가입 여부 등을 확인하고 가급적 신용카드 할부 결재를 이용함.

□ 가급적 확인된 유명 해외 구매 대행업체를 이용하고, 의류·신발, 전자 제품 등은 국내에서 통용되는 규격·치수와 다르게 표시하는 경우가 있으므로 규격을 꼼꼼하게 비교해야 함.

  – 해외 유명 제품을 지나치게 싼 가격으로 판매하는 해외 구매 대행 서비스는 이용을 자제함.

  – 의류·신발 등의 치수를 표시하는 단위와 기준이 다르므로 치수를 꼼꼼하게 비교해야 함.

  – 전자 제품의 경우 국내에서 사용하는 전압, 주파수 등 규격 등을 반드시 확인해야 함.

점검표		
☐ 신용카드 할부 결재가 가능한가?	①
☐ 소비자 피해 보상 보험에 가입되어 있는가?	②
☐ 음향 장비의 전압이나 주파수가 국내와 맞는가?	③
☐ 반품 수수료가 국내 온라인업체와 유사한 수준인가?	④

20 다음은 ○○카드의 영업팀장이 남긴 기사와 메모다. 팀장이 요청한 개인정보보호법 개정의 주요 내용을 표로 정리하시오.

개인정보보호법 개정안이 통과되었네요.
이 자료를 참고해서 주요 항목의 개정 전과 개정 후 내용을 표로 정리해주세요.

행정자치부는 지난해 1월 카드 3사 개인정보 유출 사고 이후 '개인정보보호 정상화 대책'을 통해 마련된 '개인정보보호법 개정안'이 국회 본회의를 통과했다고 밝혔다.

개정안은 개인정보 유출 피해 구제 강화를 위한 징벌적 · 법정 손해배상제 도입, 개인정보 범죄에 대한 제재 수준 강화, 개인정보보호위원회 기능 강화 등을 주요 내용으로 하고 있다.

지난 6일 밤 통과한 '개인정보보호법 개정안'에 따르면 개인정보 유출 피해자들은 법정 손해배상제를 통해 최대 300만 원까지 손해배상을 받는다. 지금까지는 개인정보 유출 피해가 발생해도 개인이 기업으로부터 보상을 받기가 녹록지 않았다. 일단 보상을 받으려면 기업에 소송을 걸어야 하는데 개인이 기업을 상대로 소송을 제기하기가 현실적으로 쉽지 않았던 데다, 무엇보다 피해 사실을 개인 스스로 입증해야 하는 법 조항 때문이었다.

앞으로 법정 손해배상 제도가 도입되면 개인이 피해액을 직접 산정하지 않아도 소송을 걸 수 있다. 법원이 법령에 규정된 손해액을 기준으로 배상액을 산정해주기 때문이다. 한 법조계 관계자는 "소송을 할 때 가장 어려운 게 손해액을 입증하는 것인데, 앞으로는 그럴 필요가 없어 개인이 보상받기가 훨씬 쉬워질 것"이라고 말했다.

또한 개인정보를 고의로 유출한 기관과 사업자에게는 실제 손해액의 최대 3배까지 배상하는 징벌적 손해배상 제도가 도입된다. 이 제도는 악의적, 반사회적 행위에 대한 징벌의 의미로 손해배상액을 통상의 경우보다 대폭 증가시키는 것을 말한다.

개인정보 침해 관련 사범 처벌도 강화된다. 개인정보를 불법 취득 후 영리 목적으로 유통한 사범은 종전에는 5년 이하 징역 또는 5천만 원 이하의 벌금에 처해졌지만 개정 후에는 개인정보보호법상 가장 높은 법정형인 10년 이하 징역 또는 1억 원 이하 벌금형에 처해진다. 개인정보 불법 유출 · 유통으로 얻은 범죄수익은 전액 몰수 · 추징된다.

그리고 개인정보보호위원회의 기능 · 역할도 확대된다. 기존 행자부가 수행하던 개인정보 분쟁 조정, 기본 계획 수립 등 일부 기능이 개인정보보호위원회로 이관된다. 위원회는 앞으로 관계 기관에 개인정보보호와 관련된 정책 및 제도에 대한 개선 권고를 하고, 그 이행 여부까지 점검할 권한을 갖게 된다. 또한 위원회는 각 부처에서 개인정보 처리를 수반하는 법령 제 · 개정 시 개인정보 침해 요인을 분석 및 평가해 개선을 권고할 수 있는 기능도 부여받아 개인정보 보호 분야에서 보다 실질적인 역할을 할 것으로 기대된다.

e-news ○○○ 기자

주요 내용	개정 전	개정 후
개인정보 유출 피해 보상		
개인정보 유출 기관 및 사업자 처벌 규정		
개인정보 침해 관련 사법 처벌		
개인정보보호위원회 역할 강화		

직무 기반
수리능력평가

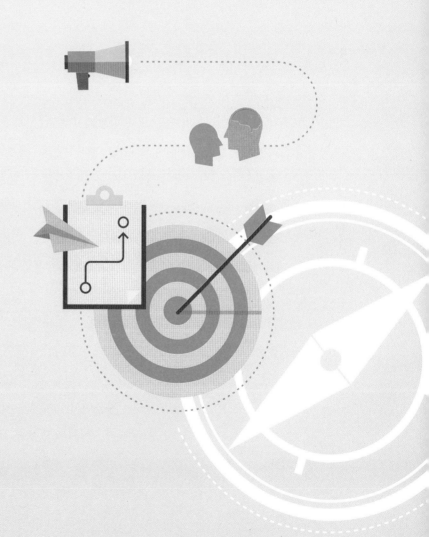

직장인에게 수리능력이
왜 필요한가요?

많은 사람들이 수리라는 말을 들으면 학교에서 배우는 수학 과목을 떠올릴 것이다. 엄밀히 말하면 수학은 '수에 관해 연구하고 배우는 학문 체계'이고, 수리는 이렇게 만들어진 수학적 체계에 반영되어 있는 '이치 또는 사고'라 할 수 있다. NCS에서 말하는 수리는 수학적 원리 그 자체보다는 이 원리를 활용해 직무를 해결하는 능력에 초점을 두고 있다.[3]

이 책을 읽는 독자들 중 수학은 학생들에게나 중요한 과목이지, 일단 학교를 졸업하고 나면 사용하지 않는 지식이라 생각하는 사람이 적지 않을 것이다. 실제로 수학자나 건축가가 아닌 한 실생활에서 미분, 적분, 등비수열, 로그, 사인, 코사인 등을 날마다 사용하는 사람은 많지 않다. 사인, 코사인을 계산하지 못한다 해서 큰 손해를 보거나 생활하는 데 어려움을 느낄 일도 없다.

그렇다면 굳이 이 수리를 모든 직무자들이 갖춰야 할 능력으로 규정할 이유가 있을까? 일견 수리와 관계가 없어 보이는 세 직무자의 업무를 살펴보면서 이 문제에 대해 생각해보자.

A는 물류센터에서 운송 업무를 담당하고 있다. A는 출근하자마자 운송 스케줄을

살펴본다. 오늘 A에게 배당된 운송지는 3개의 대형 마트다. 각각의 위치를 확인한 다음 그중 어느 곳을 먼저 들를 것인지 배송 순서를 정한다. 이 마트들은 모두 물류센터에서 도심을 거쳐야 도착할 수 있는 곳이다. 도심 교통 체증에 대비해 운송 시간을 여유 있게 잡기로 한다. 배송 순서와 각 화물의 무게를 고려해가면서 트럭에 짐을 싣는다. 이어 곧 첫 번째에 들르기로 한 마트를 향해 출발한다. 역시 고속도로 정체가 심하다. 오전 중에는 첫 번째 마트에 상품 배송을 완료해야 한다. 우회 도로를 찾기 위해 얼른 지도를 살펴봤다. 근처 소도시로 들어가서 국도를 타기로 결정하고 톨게이트에서 통행료를 정산한다. 목적지에 도착하자 A는 화물을 내린 후 이상이 없는지를 꼼꼼히 확인하고 화물 수령 확인 사인을 받는다. 그리고 나머지 마트에서도 이 과정을 거친다.

이날 A가 한 활동 중의 상당 부분이 직무 기반 수리능력과 관계가 있다. 들러야 할 마트들의 지리적 위치를 고려해 동선을 최소화하는 것, 마트별 예상 도착 시간과 소요 시간을 계산하는 것, 마트별 상품의 무게와 배송 순서를 고려해 트럭 내 물건을 배치하는 것, 지도를 읽고 우회 도로를 찾는 것. 이 모두가 직업기초능력에서 말하는 수리능력인 것이다.

만약 A가 첫 번째 마트에서 두 번째 마트까지 걸리는 시간을 제대로 파악하지 못했다면 배송은 제 시간에 맞게 원활히 이뤄지지 않았을 것이다. 화물을 마트별로 잘 분류하지 않았다거나, 짐을 무게와 공간을 고려해 차곡차곡 쌓지 않았을 경우도 마찬가지다. 화물 운송 업무를 잘하기 위해서는 운전만 잘하면 되는 것이 아니라 수리능력을 잘 발휘해야 한다는 것이다.

B는 프리랜서 가죽 공예가다. 전문직에 종사하는 사람들을 겨냥한 서류가방을 만들기 위해 원하는 사이즈의 가죽을 구입하러 나갔다. 가죽 전문점에서는 가죽의 폭을 기준으로 30, 40, 50 등의 숫자를 라벨에 표기한다. 가죽더미 가운데서 자신이 원하는 가죽의 색상과 넓이를 찾는다. 색상과 표면처리가 마음에 드는 가죽을 찾기는 했는데, 원하는 사이즈보다 폭이 좁다. 이럴 경우에는 두 장을 구입해야 한다. 처음 세운 예산에 비해 재료비는 초과되었지만 좋은 품질의 가죽으로 제품을 더욱 고급스럽게 만들

어야겠다는 생각을 한다. 대신 제품의 가격은 조금 높게 책정해야 할 것이다. 공방으로 돌아온 B는 앞면과 뒷면, 그리고 옆면, 손잡이, 끈 등이 될 가죽의 위치를 가늠한다. 앞판과 뒤판의 모양과 치수를 정하는 것 외에도 가방이 제대로 서 있을 수 있도록 하기 위해 밑판과 옆판의 균형도 고려해 각 파트의 치수를 적절히 조절한다. 가방 손잡이를 달 위치를 정하기 위해 윗면의 정 중앙을 찾고, 이 위치에서부터 동일한 간격으로 양쪽 손잡이를 연결한다. B의 작업은 창작인 동시에 치수, 위치, 균형 등을 맞추기 위한 계산 활동의 연속이다.

주민센터에서 각종 증명서 발급 업무를 맡고 있는 C는 인감증명, 주민등록등본 각 2통을 신청한 주민에게 수수료 총액을 요구하기 위해 증명서별 수수료에 발급 통수를 곱한 후 총액을 계산한다. 다음 민원인은 대형 폐기물을 버리기 위해 스티커를 사러 온 주민이다. 주민에게 폐기물의 규격과 수량을 물어본 후, 사이즈에 따른 폐기 비용을 계산해 주민에게 청구하고 스티커를 발급해준다.

흔히 수리라 하면 우리는 물건의 가격이나 할인가 등을 계산하는 것으로 생각한다. 그러나 수학적 이치와 논리는 계산 외에도 유사한 것을 묶는 집합 그리고 일정 현상이 나타나는 주기와 빈도 등을 요약한 통계를 포함하는 개념이다. 이 밖에 공간의 크기와 넓이 등에 맞는 상품을 찾거나 공간에 맞게 사물을 배치하는 능력, 위치와 방향 등을 머릿속에서 그릴 수 있는 공간 감각, 표와 그래프를 이해하고 예측하거나 자신이 의도하는 메시지를 그래프나 표로 도식화하는 능력 등을 모두 포함한다. 이러한 관점에서 보면 정도의 차이는 있지만 수리능력이 전혀 필요하지 않는 직무를 찾는 것은 거의 불가능하다.

이처럼 직무 기반 수리능력은 모든 직무에서 요구되는 능력이며, 생산성과 효율성에도 밀접한 영향을 미치기 때문에 NCS에서도 이 수리능력을 핵심적인 직업기초능력으로 정의하고 있다.

'수포자'도 수리능력을
갖출 수 있나요?

수리능력이 직무자들에게 반드시 필요한 능력이라 한다면 수학 포기자를 이르는 말인 '수포자'들은 일을 할 수 없다는 말인가? 그렇지 않다. 그 이유는 학교에서 배우는 수학과 일을 하는 데 필요한 수리능력에는 상당한 차이가 있기 때문이다.

메이요(Mayo)는 학교에서 배우는 수학과 직장에서 필요한 수리의 차이를 세 가지 관점에서 정리했다. 첫째, 학교에서 배우는 수학은 수식과 구체적인 절차를 중시한다. 우리가 일반적으로 떠올리게 되는 수학 문제는 어떤 것이 있을까. '공통분모를 찾아라', '방정식의 해를 구하라' 등등이 떠오를 것이다. 직장에서도 공통분모를 찾음으로써 해결할 수 있는 업무가 있을 수 있다. 그러나 상사나 동료가 공통분모를 찾아달라고 요구하지는 않는다. 주어진 문제에 대한 해결책만을 요구할 뿐이지, 당신이 공통분모를 구하든 다른 수식을 이용하든 상관하지 않는다는 말이다. 직장에서는 무엇보다 당신이 주어진 업무를 잘 처리했는가가 중요하다. 학교 수학이 '다음 식을 구하라'에 잘 답하는 것을 요구한다면, 직무 기반 수리는 '스스로 식을 세우고 업무를 잘 처리할 것'을 요구한다.

둘째로, 학교 수학에서 배우는 수학적 지식 수준과 일을 하는 데 요구되는 수리적

능력의 수준에는 차이가 있다. 우리나라의 수학 교육과정은 수준이 높은 것으로 정평이 나 있다. 대학을 졸업한 학부모들도 초등학생 자녀들의 수학 숙제를 도와주는 데 어려움을 느낄 정도다. 예를 들어 초등학생은 $\frac{5}{6}+\frac{2}{3}+\frac{3}{4}$ 을 손과 머리로 풀어내야 한다. 반면 직무에서는 수학 능력이 뛰어나지 않은 직무자라도 컴퓨터나 전자계산기의 도움을 빌려 이러한 문제를 쉽게 해결할 수 있다.

은행이나 보험사에서 금융상품이나 보험상품을 판매하려면 직무자들은 수학을 잘해야 할 것 같지만 반드시 그렇지는 않다. 그들은 5년 만기 또는 10년 만기 상품의 최종 수령액 등을 자신이 직접 계산할 필요가 없다. 왜냐하면 회사에서 금액과 기간별 수령액이 미리 계산된 표를 제공하기 때문이다. 고객이 월 10만 원을 5년 불입하는 정기예금의 최종 수령액을 물어보면, 은행원은 계산을 하는 것이 아니라 표에서 해당 숫자를 찾아 잘 읽어주면 되는 것이다. 회사에서는 복잡한 계산일수록 기계의 힘을 빌려 해결하는 경우가 많다. 그 이유는 계산의 정확성을 직무자 개인이 아닌 조직이 담보하고자 하기 때문이다. 미국의 검사기관인 ACT에 따르면, 미국의 직업 중에서 분수, 대분수, 비율 등을 계산하는 것 이상의 수학적 지식을 요구하는 직업은 미국 내 전체 직종의 4% 내외라 한다. 바꿔 말하면 96%의 직업에서는 지수, 2차방정식, 미분, 적분 등을 못해도 상관없다는 말이다. 직무에서 요구하는 수리능력이란 어떤 방법을 이용해서라도 계산의 오류가 없을 것, 그리고 표나 도표를 정확하게 읽을 것 등을 이른다.

메이요가 지적한 수학과 수리의 세 번째 차이는 바로 문제를 해결하는 데 필요한 정보 제시 방식이다. 수학 문제에는 필요한 정보가 수식 또는 표로 일목요연하게 제시된다. 다음은 우리가 수학 시간에 자주 접했던 수학 문제의 예다.

$$\text{두 행렬 } A=\begin{pmatrix}10\\11\end{pmatrix}, B=\begin{pmatrix}12\\11\end{pmatrix} \text{에 대하여 행렬 } 2A+B \text{의 모든 성분의 합은?}$$

이 수학 문제를 풀기 위해 필요한 정보는 A행렬과 B행렬의 성분이다. 문제에 정확히 각 행렬이 제시되어 있기 때문에 쉽게 해결할 수 있다. 그러나 실제 직무는 이와 다르다. 미리 문제해결에 필요한 정보가 일목요연하게 정리되어 있거나 수식이 세워져 있는 것이 아니다. 앞서 등장한 물류센터에서 운송 업무를 담당하는 A는 화물을 운반하기에 앞서 트럭에 물건을 실어야 한다. 어느 형태로 얼마나 실어야 안전할지 또는 얼마나 많이 실을 수 있는지를 파악하려면 A 스스로가 이를 위한 정보를 선별해야 한다.

이러한 관점에서 보면 직무자가 발휘해야 할 수리능력의 첫 단계는 직무 수행에 필요한 정보가 무엇인지를 선별하는 것이다. 그다음으로는 이들 정보를 더하고, 빼고, 나누는 식의 수리적 절차를 스스로 설정해야 한다. 또한 계산을 통해 구해진 숫자를 서로 비교해 어느 것이 더 좋은 대안인지를 판단하는 절차가 필요한 경우도 많다.

직무 기반의 수리능력이 딱 떨어지는 답을 구하는 데 있지 않다는 것을 알 수 있는 또 다른 상황은 표나 그래프를 그리는 것이다. 막대, 파이, 꺾은선 등 다양한 형태의 그래프 중 어느 것을 선택할 것인가는 주어진 자료의 특성과 그래프를 그리는 목적을 제대로 설정하는가의 문제이지, 수학적 지식이나 그래프를 그리는 기술이 있는가 없는가의 문제가 아니다. 예를 들어 트럭에 실을 화물의 전체 무게는 덧셈으로 계산하지만, 무게 중심은 공식을 사용해야 한다. 가벼운 물품이 위에 올라가는 게 더 좋은지, 빨리 내릴 화물이 앞쪽에 위치해야 하는지, 기온에 따라 서늘하게 보관해야 하는 화물이 위에 올라가야 하는지를 판단하는 것 또한 A의 몫이다. 어떠한 공식이 더 적절한지, 그리고 어떠한 방식이 더 적합한지 설정하는 것 또한 직무 기반 수리능력인 것이다.

이러한 점을 고려할 때 학교 수학 성적과 수리능력 간에는 어느 정도의 상관관계는 있지만 반드시 일치한다고 보기는 어렵다. 학교에서 수학을 아주 잘하던 사람이 실제 지도를 제대로 읽지 못하거나 부분을 보고 전체적인 이미지를 유추해내는 능력이 부족한 경우도 많고, 수포자였던 사람이 지도를 능숙하게 읽고, 업무 해결에 필요한 정보를 잘 선별해 단순한 계산이지만 틀림이 없이 꼼꼼하게 잘 해내는 사람도 얼마든지 있다.

헌터(Hunter, 1996)는 직무자들을 대상으로 한 연구에서 수학적 지식이 아닌 수리능력이 직무수행능력의 16%를 설명한다고 밝힌 바 있다. 직무수행능력에 영향을 미치는 수많은 요인들 중 수리능력이 자그마치 16%를 차지한다는 사실은 수포자를 포함한 모든 직무자들이 직무 기반 수리능력을 갖춰야 한다는 사실을 의미한다.

수리 문제에서 다루는
대상 이해하기

의사소통의 대상은 '사람(들)'에 국한되어 있다. 반면 수리적 문제해결의 대상은 반드시 '사람(들)'에 국한되어 있지 않다. 사람/조직, 시간, 공간, 상품/자재 등이 우리가 업무에서 수리를 적용하는 주요 대상이다.[4]

첫째, 사람/조직을 대상으로 하는 수리적 문제로는 주어진 조건에 가장 적합한 사람을 선정하는 업무가 있다. 이 밖에 일정 기간 동안 매장을 방문한 고객 수가 기록된 자료에 근거해 내달 방문 고객 수를 예측하는 업무 등이 있다.

PART 4
직무 기반 수리능력평가

사람/조직을 대상으로 하는 수리능력 문제 예시

- (주)○○물산에서 근무하는 A는 팀장으로부터 **영업실적이 가장 높은 직원 10명**의 명단을 뽑아 달라는 지시를 받았다. A가 명단에 포함시켜야 할 직원을 바르게 정리한 것은?

- ○○통신 마케팅팀에 근무하는 A는 과거 3년간 휴대전화 신상품 출시 후 번호이동을 한 **고객 수**를 그래프로 정리 중이다.

둘째, 또 다른 직무 기반 수리의 대상은 시간이다. 직무에서 시간은 매우 중요한 자원이며 이와 관련된 수리적 문제해결은 직무 성과와 직결되는 경우가 많다. 보고서나 납기를 맞추지 못할 경우 회사는 엄청난 재정적 손실과 이미지에 타격을 받을 수 있다. 따라서 직무자는 시간과 기일을 엄격하게 관리할 줄 알아야 하며, 마감일까지 남은 시간 대비 작업에 소요되는 시간을 계산해 작업이 기일 내에 완성될 수 있을 것인지를 예측하고, 필요하다면 추가적인 인력과 자원을 투입하는 것 등과 같은 조치를 취할 줄 알아야 한다. 또한 국제화 시대에 지구의 반대편에 있는 업무 파트너나 고객의 현지 시간을 고려해 회의 시간을 정하는 데도 수리능력이 필요하다.

시간을 사람, 상품, 공간과 구분해 별도의 범주로 설정한 이유는 시간에는 상품이나 공간에는 사용되지 않는 특정 단위와 규칙이 존재하기 때문이다. 60초가 1분이고, 60분이 1시간이며 하루는 24시간이라는 규칙이 정해져 있다. 또한 1주일은 7일이며 1개월은 2월만 제외하고는 30일이나 31일로 구성되어 있다. 이러한 규칙은 어느 조직, 어느 지역을 가더라도 동일하게 적용된다. 시간은 위치와도 관계가 있다. 세계 각국의 현지 시간이 같지 않기 때문에 국제 업무 시에는 꼭 시차를 고려해야 한다.

시간과 관련된 특성과 규칙을 준수하지 않을 경우 업무에 많은 차질이 발생할 수 있다. 따라서 직업기초능력평가 수리능력 문제에서는 이 시간의 특성과 규칙과 관련한 직무능력을 평가할 필요가 있다.

> **시간을 대상으로 하는 수리능력 문제 예시**
> - (주)○○무역의 직원 A는 워싱턴 DC에 출장 중인 상사가 요청한 시한 내 자료를 준비해야 한다. 이 준비를 위해 사용할 수 있는 **최대 시간은?**
> - (주)○○건축에서 감리 업무를 맡고 있는 A가 자신의 팀에서 맡은 건축 프로젝트의 스케줄을 검토 중이다. 다음 **공정표를 보고** 내일의 **현장 방문 일정**을 바르게 정리한 것은?

수리적 문제해결의 세 번째 대상은 공간이다. 공간과 관련된 문제를 해결할 때는 사람이나 시간을 대상으로 한 문제해결 과정에서 요구되지 않는 특성들을 고려해야 한다. 공간에 포함되는 도형이나 물체에는 넓이, 부피, 무게 등을 계산하는 일정 공식이 존재한다. 따라서 상품의 형태나 용량 등을 결정하기 위해서는 이러한 공식을 적용해야 한다. 또한 상품을 공간에 배치하거나 디자인할 때는 머릿속에서 그 형태와 위치를 파악할 수 있는 공간 감각이 요구된다. 공간을 대상으로 하는 문제들을 별도의 범주로 설정할 필요가 있는 것이다.

> **공간을 대상으로 하는 수리능력 문제 예시**
> - 출판디자이너 A가 지역 관광지도를 다음과 같은 구조로 제작해 달라는 의뢰를 받았다. 다음 PDF 파일 중 **페이지들**을 고객의 요구에 맞게 **배열한** 것은?
> - ○○콘서트홀에서 관람객 안내를 담당하는 A가 가장 가까운 **화장실 위치**를 문의하는 고객에게 안내할 말로 가장 적절한 것은?

직무에서 수리를 적용해야 할 또 다른 대상은 상품/자재다. 범주명은 상품/자재이지만 여기에는 많은 것들이 포함된다. 상품의 단가, 이윤, 총 결재대금, 자재비, 요금제, 서비스 등이 그 대표적인 예다.

또한 일반적으로 직무 기반 수리능력을 평가하기 위해 문제를 개발할 때 가장 쉽게 떠올리는 제재가 바로 상품 가격이나 재고 수량 파악 등등이다. 대부분의 기업이 상품이나 서비스를 판매함으로써 이윤을 창출하기 때문에 상품과 자재를 대상으로 한 수리능력은 직무자들에게 반드시 요구되는 중요한 능력이라 할 수 있다.

> **상품/자재를 대상으로 하는 수리능력 문제 예시**
> - (주)○○화학 영업부 직원 A가 다음 상황에서 선택할 **렌터카의 종류와 대수**는?
> - (주)○○전자에서 매체 광고 발주를 담당하는 A가 다음 상황에서 선정한 **광고 유형**은?
> - ○○발전 총무팀에 근무하는 A가 타부서에서 의뢰한 **비품**요청서를 보고 구매품의서를 작성 중이다.

수리 문제해결의 목적 이해하기

앞서 직무 기반 수리능력이 요구되는 상황에서는 계산 그 자체가 문제해결로 이어지는 것은 아니라고 설명했다. 그럼 무엇을 위해 계산을 하는가? 렌터카를 가장 싼값으로 이용하기 위해서는 A사, B사별로 렌터카 요금을 계산한 뒤 두 요금을 비교 및 분석해봐야 한다. 이와 같이 하나의 직무를 해결하기 위해서는 계산, 통계, 이해 추론 등 다양한 절차를 복합적으로 사용해야 할 경우가 많다.

이는 직무 기반 수리능력평가에서도 마찬가지다. 문제에 따라서는 문제 하나를 풀기 위해 계산, 통계, 추론 등의 복합적인 과정을 거쳐야 할 경우도 있다. 이 문제를 계산 문제로 볼 것인가, 통계 문제로 볼 것인가 하는 데는 이견이 많을 것이다. 계산이나 통계, 도표작성 등은 문제를 해결하는 방법이다. 이들 방법과는 별개로 이 문제에서 궁극적으로 해결하고자 하는 것이 무엇인가, 즉 수리적 문제해결의 '목적'을 정리할 필요가 있다.

직무에서 수리를 활용하는 목적은 최적화된 솔루션 도출, 도식화, 해석/추론 등 크게 세 가지로 나눌 수 있다. 첫째, 최적화된 솔루션 도출이란 당면한 직무 과제를 해결하는 데 가장 적합한 해결책을 찾아내는 것이다. 이는 단순히 수학적 계산을 통해 답을 찾는 것과 구분된다. 호텔 연회부 직원 A가 300명의 결혼식 하객을 위해 원형 테이블을 세팅하는 업무를 맡았다 하자. 8인용 원형 테이블을 사용할 경우 A는 이 행사를 위해 몇 개의 테이블을 준비해야 하는가? 이것이 학교 수학 시험 문제라면 답은 300을 8로 나눈 값, 즉 37.5개다. 만약 문제에서 답을 반올림해 정수로 구하라는 지시가 있다면 답은 38일 것이다. A의 직무에서 이 38이 과연 최선의 답일까?

만약 예식 내에 웨딩케이크 커팅 행사가 있다면 웨딩케이크를 위한 별도의 테이블이 필요할 것이다. 또 웨딩홀의 공간에 38개의 테이블이 다 들어갈 수 있을지도 따져 봐야 한다. 음식을 나르는 직원들이 테이블 사이를 이동할 수 있는 공간이 확보되는 지도 확인해야 할 것이다. 공간이 지나치게 협소하다면 38이란 답은 실현가능한 답이 아닐 수 있다. 반대로 웨딩홀이 지나치게 넓어 38개의 테이블로 채워지지 않는 경우도 있을 것이다. 이때는 추가 테이블을 확보해 빈 공간을 채워야 할 것이다.

이어서 해외에 샘플을 보내야 할 경우를 살펴보자. 이때 직무자가 사용할 수 있는 해외배송 서비스는 다양하다. 가장 빠른 것, 가장 저렴한 것, 부피를 고려하는 것, 중량 또는 부피와 중량을 모두 고려하는 것 등 조건에 따라 배송 요금이 달라진다. 해외 수신자가 샘플을 검토한 직후 발주 결정을 하겠다고 할 경우에는 가장 빠른 서비스를 이용하는 것이 최선의 답이다. 그러나 그렇지 않은 경우에는 회사 측 사정을 고려해 보다 저렴한 서비스를 선택하는 것이 바람직하다. 이처럼 최상의 결과를 내기 위해 필요한 수리적 문제해결은 주어진 상황과 업무의 목적에 비춰 다양한 대안 중 하나를 선택하는 것이다.

따라서 수리적 문제해결의 첫 번째 목적을 최적화된 솔루션 도출로 정의할 수 있다.

이와 같이 직무에서 요구되는 수리능력은 정답을 도출하는 것이 아니라 최적화된 솔루션을 찾는 것이다. 작업에 필요한 총 인원을 계산하는 것, 출시해야 할 신제품의 가격을 책정하는 것, 해외에 있는 지사나 고객과 회의 일정을 잡는 것 등 모두가 정확한 계산을 위한 것이 아니라 최적화된 솔루션을 도출하는 활동인 것이다.

최적의 솔루션 도출을 목적으로 하는 수리능력 문제 예시

- ○○호텔 연회부 직원 A가 다음의 이벤트를 진행하기 위해 **준비해야 할 테이블의 수**로 가장 적절한 것은?
- ○○정유에서 근무 중인 A가 시차를 고려해 해외 고객사에 **회의를 제안할 시간**으로 가장 적절한 것은?
- ○○병원 영양사 A가 다음 자료를 참고해 주말에 **준비해야 할 죽의 양**으로 가장 적절한 것은?

수리적 문제해결의 두 번째 목적은 바로 '도식화'다. 경우에 따라서는 몇 페이지의 글보다 정보를 일목요연하게 정리한 표나 그래프가 더 효과적일 때가 있다. 특히 시간에 쫓기는 고위 경영자들을 위한 브리핑이나 보고서에는 다양한 정보를 함축적으로 정리한 표나 그래프는 필수다. 이러한 면에서 볼 때 도식화는 언어 구사력이나 문서 작성 능력 못지않게 중요하다. 이외에도 도식화는 부분적인 이미지를 활용해 전체 이미지를 유추한다거나, 어떤 공간을 분할했을 때의 모습을 머릿속에 그리고 답을 도출하는 활동까지를 포함한다.

도식화를 목적으로 하는 수리능력 문제 예시

- 출판디자이너 A가 지역 관광지도를 다음과 같은 구조로 제작해 달라는 의뢰를 받았다. 다음 PDF 파일 중 A씨가 **페이지들**을 고객의 요구에 맞게 **배열한** 것은?
- ○○교구에서 근무하는 A는 다음 입체도형을 종이로 만들기 위해 도안을 만들고 있다. A가 **작성할 도안**으로 가장 적절한 것은?

수리적 문제해결의 세 번째 목적은 해석 및 추론을 위한 것이다. 직무자들이 업무 관련 자료를 다루는 중요한 목적 중 하나는 직무와 관련된 정보를 찾아내고 그 의미를 해석 또는 추론하기 위해서다. 또한 주어진 정보를 통해 특정 현상의 추이를 파악하고 미래를 예측하고 대비하기도 한다.

해석과 추론은 도표나 그래프에 국한된 활동이 아니다. 해석과 추론은 수리적 문제해결의 첫 번째 목적인 '최적화된 솔루션 도출'과 구분되는 목적을 갖고 있다. 최적화된 솔루션 도출은 수를 직접 계산하거나 통계 자료를 통해 무엇을 몇 개 또는 얼마에 팔아야겠다는 결정을 돕기 위한 것이다. 이에 반해 해석과 추론은 연산이나 통계보다는 주어진 정보를 이해하고 그 의미를 유추하고 미래를 예측하기 위한 논리적 활동이다. 직무 기반 수리능력이 수학이나 단순 연산과 다른 이유가 여기에 있다.

해석과 추론 활동의 가장 기본적인 형태는 표나 이미지에 제시된 정보를 찾아 문제를 해결하는 것이다. 그래프에 제시된 다양한 선이나 막대들이 나타내는 정보의 의미를 파악하는 것 등도 해석과 추론을 위한 수리적 문제해결의 예다. 또한 2개 이상의 표나 그래프를 서로 연계하거나 비교해 현재의 상태를 파악하는 것 그리고 이에 근거해 미래를 예측하는 것도 이에 해당한다.

수리 문제해결을 위한
방법 이해하기

NCS에서는 수리능력을 '업무를 수행함에 있어 사칙연산, 통계, 확률의 의미를 정확하게 이해하고 이를 업무에 적용하는 능력'으로 정의했다. NCS에서는 수리의 하위능력을 기초연산능력, 기초통계능력, 도표분석능력, 도표작성능력으로 구분하고 있으며 각 능력에 대한 정의는 다음 표와 같다.

기초연산능력	업무를 수행함에 있어 기초적인 사칙연산과 계산을 하는 능력
기초통계능력	업무를 수행함에 있어 필요한 기초 수준의 백분율, 평균, 확률과 같은 통계 능력
도표분석능력	업무를 수행함에 있어 도표(그림, 표, 그래프 등)가 갖는 의미를 해석하는 능력
도표작성능력	업무를 수행함에 있어 필요한 도표(그림, 표, 그래프 등)를 작성하는 능력

출처: NCS 직업기초능력 수리 학습자 모듈

NCS에서 규정한 하위 영역들을 쉬운 말로 바꿔 보면 계산, 통계, 이해/추론, 도식화 등이다. 문제가 발생했을 때 계산을 할지 또는 주어진 자료를 분석할지, 아니면 표나 그래프를 그릴지 등 수리적으로 문제를 해결하는 '방법'을 규정한 것이라 볼 수 있다.

기초연산은 기초적인 사칙연산과 계산을 말한다. 일반적으로 업무를 수행하는 데 있어서 조직의 예산안을 작성하거나, 두 가지 상품(대안)의 가격을 비교하거나, 다양한 상품을 구입하고자 할 때 소요되는 예산의 총액 등을 계산하는 활동을 포함한다. 이 밖에 단위를 환산하거나 시차를 계산하는 것 등도 기초연산에 포함된다. 다음은 기초연산과 관련된 문항들의 예시다.

기초연산 방법을 활용하는 수리능력 문제 예시

- ○○발전 총무팀에 근무하는 A가 타부서에서 의뢰한 비품요청서를 보고 구매품의서를 작성 중이다. 총액을 **계산해** 품의서 빈칸에 적으시오.
- ○○의류 매장 직원 A가 20XX년 상반기의 회원별 구매금액 총액을 **계산** 중이다. 다음 자료에서 구매총액을 수정해야 할 회원은?

기초통계는 평균, 빈도, 확률 등의 기초적인 통계 기법에 관한 것이다. 직무 상황에서는 일별 평균 방문 고객 수, 월별 화재 발생 빈도 등 개별적인 현상을 일정 기간 또는 지역 단위별로 묶어 평균, 빈도 등을 정리하는 방법을 사용할 경우가 많다. 기초통계는 상품이나 서비스를 통계의 관점에서 파악하기 위한 활동이라는 점에서 기초연산과 구분되는 수리적 문제해결 방법이라 할 수 있다.

기초통계 방법을 활용하는 수리능력 문제 예시

- ○○소방서에서 근무하는 A가 최근 5년간 관할 지역 음식점의 화재 발생 자료를 검토하고 있다. A가 화재 발생 가능성이 **가장 높을 것으로 예상할** 기간은?

도표작성이란 정보를 표나 그래프의 형태로 도식화 또는 시각화하는 것을 말한다. 직무를 하다 보면 무작위로 나열된 숫자나 정보를 일정 체계에 따라 표 또는 그래프로 정리하는 것이 도움이 될 때가 많다. 그래프는 작성하는 그 목적에 따라 적합한 형태가 결정된다. 이를테면 전체 매출액 중 제품별 매출이 차지하는 비율을 알고 싶다면

원그래프가 적합할 수 있다. 그러나 각 제품이 전체 매출에 기여하는 정도를 알고자 한다면 누적분포그래프나 막대그래프가 더 적합할 수도 있다.

직무 상황에서 주어진 정보를 도표로 정리할 때는 주로 조직에서 이미 정해놓은 표 양식을 활용하거나 상사가 요청하는 형태를 따르게 된다. 추가적으로 상사는 월별 매출을 가로로 볼 수 있게 해달라거나 하는 세부적인 지시를 내릴 수도 있다. 결론적으로 말하자면, 도표작성능력의 경우 발문이나 자료에 제시된 추가적인 작성 원칙을 잘 고려해야 직무를 성공적으로 수행할 수 있다.

도표작성 방법을 활용하는 수리능력 문제 예시

- ○○전자 영업1팀의 A가 팀장의 지시로 **작성할 매출현황표**로 가장 적절한 것은?
  (상사: 올 상반기 우리 TV 제품의 매출액을 월별 및 제품별로 한눈에 파악할 수 있도록 정리해주세요.)

- ○○제과 마케팅 부서에서 근무하는 A가 가격 변동에 따른 소비자의 제품 구매 의사에 관한 다음 자료를 **그래프로 옮긴** 것 중 가장 적절한 것은?

표나 도표에 제시된 정보를 찾거나 해석하는 방법을 통해 업무를 해결하는 경우도 매우 빈번하다. 도표분석은 연산이나 통계 방법에 비해 더 빈번하게 사용되는 업무 해결 방법이기도 하다.

도표분석 방법을 활용하는 수리능력 문제 예시

- 축산업에 종사하는 A는 20XX년 1/4분기 가축동향조사 **자료를 보고** 2/4분기의 가축 동향을 예측하고자 한다. 다음 A가 예측한 것 중에서 가장 적절한 것은?

- ○○보험회사 직원 A는 생명보험 상품 개발이 필요한 대상 연령층을 알아보기 위해 사망률 관련 자료를 찾아봤다. A가 다음 그래프를 보고 **분석한** 내용으로 옳지 않은 것은?

이상에서 설명한 3원 요소를 결합하게 되면 다양한 직무 기반 수리능력 문제를 만들 수 있다. 예를 들면 자재 비용이나 인건비 등을 계산해 신상품의 적정 가격을 결정

하는 문제를 만들 수도 있는 것이다. 이렇게 만들어진 수리 문제들을 다음에 제시되는 직무 기반 수리능력 진단하기에서 살펴보도록 하자.

직무 기반 수리능력평가의 3원 구조에 근거한 문제 구성 예시

→ 자재, 인건비 등을 계산해
　 신상품의 적정 가격을 결정하는 문제

직무 기반
수리능력
진단하기

다음 페이지에는 직무 기반 수리능력을 진단하기 위한 문제들이 제시되어 있습니다.

수리능력을 평가하는 문제는 다양한 형태로 만들어질 수 있습니다. 본 검사지에 포함된 문제는 만들어질 수 있는 다양한 문제 유형 중의 일부 예시일 뿐 수리능력평가 전체를 대표하는 것은 아니라는 점을 밝힙니다.

검사지에 포함된 문제는 직무 기반 수리능력을 평가하기 위한 목적으로 개발된 것으로, 사전지식이나 수학적 이론보다는 지문에 제시된 정보를 활용해 문제를 해결해나가기 바랍니다. 지문으로 사용된 도표나 정보는 수리 문제 구성을 위해 실명, 날짜, 내용 구성 등을 의도적으로 수정하거나 재구성한 것입니다. 검사지에는 선택형 문항과 더불어 답을 직접 작성하는 문제가 포함되어 있습니다. 질문에 제시된 지시 내용을 파악해 실제 직무에 임하듯 문제를 풀어나가기 바랍니다. 검사가 끝나면 정답 및 해설을 참고해 자신의 수리능력을 진단해보세요.

01 (주)○○물산 총무부 직원 A가 다음 상황에서 최우수 사원으로 선정할 직원은?

> **팀장:** 올해 신입 사원 중 우수 사원 한 명을 선발해 포상 휴가를 보낼 예정입니다. 여기 이 영업 실적 자료엔 사원별 분기 실적이 S, A, B, C로 표기돼 있는데 등급별 점수는 표 아래에 적힌 걸 참고하세요. 그리고 사원별 점수는 각자 근무한 분기의 실적을 평균한 것으로 계산하면 됩니다.

사원별 영업 실적

사원＼분기	1 사분기	2 사분기	3 사분기	4 사분기
김○○	A	S	B	A
안○○	C	S	A	B
문○○	A	A	A	C
최○○	입사 전	A	A	B

*등급 점수 S=10, A=9, B=7, C=4

① 김○○   ② 안○○

③ 문○○   ④ 최○○

02 (주)○○반도체 경영지원팀장의 요청에 맞게 다음 표를 완성하시오.

> **팀장:** 공장별 근무환경 만족도 조사 결과가 나왔어요. 알고 있겠지만 우리 회사에서는 근무자들의 만족 비율이 70%가 넘는 공장에는 격려금을 지급하고 있어요. A씨가 조사 결과를 보고 이번에 어느 공장이 격려금을 받을지를 분석해 문서로 전달해주세요.

공장별 근무환경 만족도 조사 결과 단위(명)

	만족	불만족
공장A	68	30
공장B	73	35
공장C	46	18
공장D	90	35

격려금 지원 대상 공장(공장명)

격려금 지원 대상 공장	근무자 만족 비율(%, 반올림)

03 (주)○○음료 체인사업본부에서 근무하는 A가 다음 상황에서 작성할 그래프로 가장 적절한 것은?

> **상사:** 이건 신규 카페가 들어갈 후보 지역의 유동인구 자료예요. 이 자료를 참고해 오전 시간대의 요일별 유동인구 패턴을 보여주는 그래프를 작성해주세요.

〈요일별–시간대별 1주일 평균보행량(인/hr)〉

구분	7시	8시	9시	10시	11시	12시	13시	14시	15시	16시	17시	18시	19시	20시
월요일	210	371	286	260	303	417	396	371	415	421	440	610	512	413
화요일	219	371	296	278	318	436	414	382	411	433	460	519	522	398
수요일	211	388	285	257	299	423	402	369	401	419	440	619	535	419
금요일	222	384	301	278	330	454	432	405	430	447	483	596	572	431
토요일	117	189	216	244	303	382	418	440	453	472	503	532	499	439

①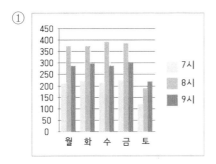

②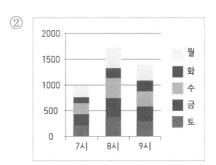

③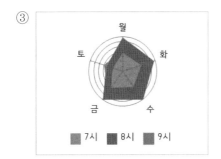

④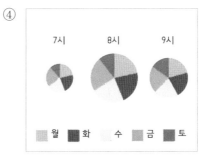

○○시청 건설도시국 직원 A가 보고서에 작성할 내용으로 가장 적절한 것은?

> **상사:** A씨, 다음 달에 도시 건설 계획을 발표할 예정인 거 알고 있죠? 우리 시 인구 현황을 간략하게 정리해 보고해주세요.

(단위: 명)

시기	총이동(A+B)		시내 이동	시·도 간 이동(B)		시·도 간 순이동(C−D)
	전입	전출	(A)	전입(C)	전출(D)	
2014.1월	2,838	1,203	271	2,567	932	1,635
2월	3,961	1,851	596	3,365	1,255	2,110
3월	2,467	1,573	444	2,023	1,129	894
4월	2,903	1,598	682	2,221	916	1,305
5월	2,937	1,514	638	2,299	876	1,423
6월	2,272	1,292	472	1,800	820	980
7월	2,853	1,576	576	2,277	1,000	1,277
8월	4,434	1,873	893	3,541	980	2,561
9월	5,536	2,099	1,134	4,402	965	3,437
10월	6,921	2,399	1,304	5,617	1,095	4,522
11월	8,039	2,654	1,578	6,461	1,076	5,385
12월	11,365	3,438	1,867	9,498	1,571	7,927
2015.1월	8,109	2,590	1,214	6,895	1,376	5,519
2월	10,916	2,975	1,505	9,411	1,470	7,941
3월	8,272	3,215	1,462	6,810	1,753	5,057
4월	6,084	2,467	1,086	4,998	1,381	3,617
5월	5,442	2,227	1,093	4,349	1,134	3,215

① S시는 2014년 12월에 시·도 간 순이동이 가장 높은 것으로 나타남.

② S시 내에서의 사람들의 이동(시내 이동자 수)은 꾸준한 증가 추세를 보임.

③ 다른 시·도로의 전출은 2015년 3월 정점을 기준으로 하락 추세를 보임.

④ S시 전입 가구 수는 증가세를 보이다가 2015년부터 감소세로 돌아섬.

05 (주)○○레저의 직원 A가 다음 상황에서 팀장에게 보고할 날짜로 가장 적절한 것은?

지난 3월 일본에서 발생한 지진으로 인해 누출된 방사능 문제로 후쿠시마 관광 상품 판매를 중단한 상태입니다. 4월 24일 현재 인체에 유해한 방사능 물질인 요오드-131의 검출치가 법정 제한치인 시간당 500마이크로시버트의 4,096배에 달하고 있어요. 취소된 관광을 언제쯤 재개할 수 있는지를 문의하는 고객들이 있는데, A씨가 관광 재개를 할 수 있는 가장 빠른 날짜가 언제인지 계산 좀 해 알려주세요.
참고로 요오드-131의 반감기는 8일이라 하네요.
일본 관광청에도 확인해봐야겠지만, 우리 자체적으로도 현지 방사능 수치 변화에 대한 예측이 필요할 거 같네요.

① 7월 27일

② 7월 29일

③ 8월 1일

④ 8월 3일

06 (주)○○무역의 직원 A가 다음 상황에서 팀장이 요청한 계약서를 준비하는 데 사용할
    수 있는 최대 시간은?

보낸 사람 :	김지원 과장
받은 사람 :	A
받은 시간 :	2015. 03. 29 오전 03:00 (한국시간)
읽은 시간 :	2015. 03. 30 오전 09:00 (한국시간)
제목 :	계약서 요청

김지원 과장입니다.
파리에 무사히 도착했어요.

파리 시간으로 모레 오전 10시에 현지 고객과 계약서를 검토하기로 했습니다.
늦어도 9시 50분까지는 이메일로 계약서를 받을 수 있도록 조치 바랍니다.
내일부터 서머타임이 적용되니 시간을 잘 확인해주세요.

* 서머타임: 여름에 긴 낮 시간을 효과적으로 이용하기 위해 표준시간보다 시각을 앞당기는 시간. 프랑스
는 1시간을 앞당긴다.

지난주까지는 서울이 파리보다
8시간 빨랐는데…

① 1시간 50분
② 7시간 50분
③ 13시간 50분
④ 18시간 50분

07 (주)○○제철 총무과 직원 A가 다음 그래프에서 수정할 항목은?

> **상사:** 이건 직원들이 7월 초에 만든 직원별 월차 사용계획서예요. 직원 시스템에 들어가서 실제 월차 사용 내역을 확인해 이 표를 업데이트해주세요.

연번	성명	기간	근무상황	승인 상태
1	김진영	08. 03. – 08. 06. (4일)	연차	승인완료
2	최현진	08. 06. – 08. 10. (5일)	연차	취소
3	최현진	08. 10. – 08. 13. (4일)	연차	승인완료
4	이민식	08. 17. – 08. 20. (4일)	연차	승인완료
5	박영우	08. 17. – 08. 20. (4일)	연차	취소
6	박영우	08. 26. – 08. 29. (4일)	연차	승인완료
7	장철호	08. 21. – 08. 25. (5일)	연차	승인완료

7월	1	2	3	4	5	6	7	8	9	10	11	12	13	14	15	16	17	18	19	20	21	22	23	24	25	26	27	28	29	30	31
	토	일	월	화	수	목	금	토	일	월	화	수	목	금	토	일	월	화	수	목	금	토	일	월	화	수	목	금	토	일	월
김진영			■	■	■	■																									
① 최현진						■	■		■	■																					
② 이민식																	■	■	■												
③ 박영우																								■	■	■					
④ 장철호																					■	■	■								

■직원별 월차 사용일

○○건설 직원 A가 작업공정표를 참고해 상사에게 답할 말로 가장 적절한 것은?

> **상사:** △△아파트 미장공사가 언제 시작했죠?
>
> **A:** 지난주 월요일부터 작업 시작했습니다.
>
> **상사:** 처음에 말한 것처럼 휴일 없이 계속 작업하고 있죠? 다음 주 금요일에 건축주가 현장에 나와 진행 상황을 본다 하는데, 그날은 어디를 미장 작업할 예정인가요?

〈△△아파트 작업공정표〉

	5월			6월		
	5월 2째주	5월 3째주	5월 4째주	6월 1째주	6월 2째주	6월 3째주
조적공사		지하주차장	1층		2층	3층
방수공사	지하주차장, 내외부 벽제, 상부슬라브			1층		2층
마장공사			지하주차장		1층	2층

※ 조적공사: 벽돌, 블록 등을 이용해 구조물을 축조하거나 장치하는 공사
　미장공사: 회반죽, 진흙, 모르타르 등을 바르는 공사

① 아마 지하주차장을 작업하고 있을 겁니다.

② 아마 1층을 작업하고 있을 겁니다.

③ 아마 2층을 작업하고 있을 겁니다.

④ 아마 3층을 작업하고 있을 겁니다.

(주)○○산업 경영지원팀 직원 A가 다음 상황에서 팀장에게 보고할 말로 가장 적절한 것은?

> **팀장:** 우리 회사 직원들을 대상으로 새로운 급여 체계에 대한 설명회를 개최하려 합니다. 전 직원들이 한 번에 모이는 건 어렵겠고, Q&A 같은 것도 하려면 몇 회로 나눠서 진행하는 게 좋을 거 같아요. 설명회 장소는 대회의실로 해야 할 것 같은데, 여기 이 책상 배치안과 규격을 참고해 한 번에 수용할 수 있는 최대 인원을 계산해 알려주세요.

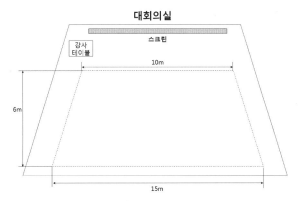

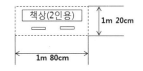

① 1회에 최대 54명까지 수용할 수 있을 것 같습니다.

② 1회에 최대 58명까지 수용할 수 있을 것 같습니다.

③ 1회에 최대 62명까지 수용할 수 있을 것 같습니다.

④ 1회에 최대 66명까지 수용할 수 있을 것 같습니다.

10 ○○출판의 디자이너 A가 작업의뢰서를 검토하고 있다. 다음 PDF 파일 중 A씨가 페이지들을 고객의 요구에 맞게 배열한 것은?

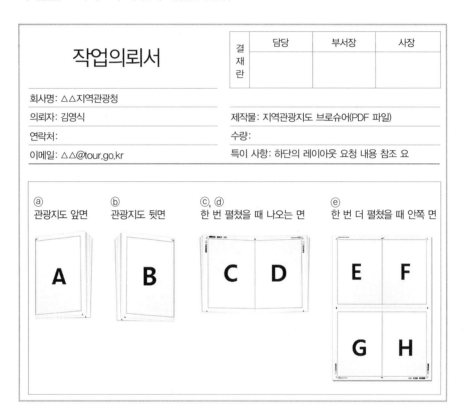

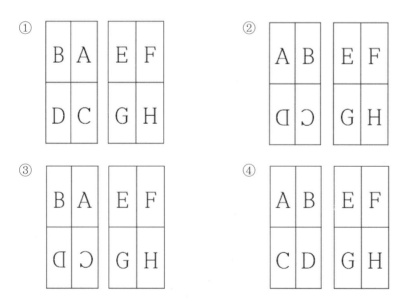

11 ○○공사의 총무부 직원 A가 다음 상황에서 고객에게 답변할 말로 가장 적절한 것은?

고객: OO공사죠? 지금 거기를 찾아가려 하는데요. 위치 좀 알려주세요.

A: 네, 지금 계신 위치가 어떻게 되시나요?

고객: 자동차로 가는 중인데 지금 D은행 앞입니다. 여기서부터 OO공사까지 어떻게 가야 하죠?

A: 네, 먼저 지도에서 계신 곳의 위치를 확인한 후 안내해드리겠습니다. D은행 앞이라 하셨는데 큰길이신가요?

고객: 조금 더 가면 지하철역이 있는 거 같네요. D은행 옆 작은 길로 들어가면 되나요?

A: 그 작은 길은 현재 도로 공사 중이라 차량 통행이 원활하지 않습니다. 좀 더 직진하시면 경기역 1번 출구가 나옵니다. 경기역 1번 출구 앞 삼거리에서 _____

① 우회전을 하셔서 조금만 더 진행하시면 됩니다.

② 우회전을 한 후 쭉 가면 또 삼거리가 나옵니다. 그 삼거리에서 왼쪽 길로 가면 ○○공사가 바로 보입니다.

③ 계속 직진하시면 A주유소가 보입니다. 그 앞 삼거리에서 우회전 후 계속 직진하면 ○○공사가 바로 보입니다.

④ 오른쪽으로 꺾으신 후, 계속 직진하시면 삼거리가 나옵니다. 그 삼거리에서 오른쪽으로 다시 꺾으시면 ○○공사가 있습니다.

12 (주)○○컴퓨터 대리점 상사의 지시에 따라 다음 구매품의서를 완성하시오.

> **상사:** 컴퓨터 주변기기 물량을 전년도 판매 실적 수준으로 확보해놓으세요. 재고가 없는 제품은 구입을 서둘러야 할 텐데. 그러려면 구매품의서부터 작성해야겠네요.

〈컴퓨터 주변기기 제품 판매 현황〉

품목	도매가	전년도 동월 판매량(개)	현재 재고(개)
키보드(SH-1320)	12,000원	49	3
키보드(TW-3375)	27,100원	30	13
마우스(LTG138)	22,000원	51	19
마우스(RS-31)	10,000원	31	10

구매품의서

결재란	담당	부서장	임원	사장

품의 번호: 2015-123
품의 일자: 2015. 03. 30
구매 목적: 판매용품 물량 확보
(목표 물량은 전년도 동월 판매량을 기준으로 설정하였음)

상기 목적의 물품을 다음과 같이 구매하고자 하오니 결재를 바랍니다.

-다 음-

품번	품 명	규 격	단 위	수 량	단 가	금 액
1	키보드(SH-1320)		대			
2	키보드(TW-3375)		대			
3	마우스(LTG138)		대			
4	마우스(RS-31)		대			
합계				₩		

116

(주)○○전자 홍보팀 직원 A가 다음 상황에서 제안할 광고 유형으로 가장 적절한 것은?

> 팀장: 이번에 개발된 상품은 젊은 세대를 겨냥해 개발한 것이니까 인터넷 포털을 통해 광고를 해보는 게 어떨까 싶어요. 여기 이 포털사별 광고 비용 자료를 참고해서 안을 한 번 만들어 보세요.
>
> A: 예산은 어느 정도입니까?
>
> 팀장: 현재 책정된 예산은 21,000,000원입니다. 이번 광고는 디스플레이나 배너 중 한 가지 형태에만 주력해봅시다. 일단 책정된 예산을 넘지 않는 선에서 예상 노출량(imp)을 최대로 올릴 수 있는 방안을 제안해주세요.

※imp(impression): 광고 노출 횟수. 사이트의 특정 페이지가 열릴 때 광고가 1번 노출된 경우를 1 impression이라 함.

		M포털		K포털	
		예상 노출량 (imp)	가격 (부가세 포함)	예상 노출량 (imp)	가격 (부가세 포함)
디스플레이 광고	06:00~12:00	240만	2,500,000원	230만	2,300,000원
	12:00~18:00	1,000만	12,300,000원	1,050만	13,000,000원
	18:00~24:00	700만	7,550,000원	680만	7,300,000원
	24:00~06:00	300만	2,990,000원	300만	3,000,000원
배너 광고	06:00~12:00	120만	3,200,000원	105만	3,100,000원
	12:00~18:00	600만	8,700,000원	590만	8,500,000원
	18:00~24:00	280만	5,000,000원	280만	5,990,000원
	24:00~06:00	130만	3,450,000원	130만	3,500,000원

① M포털 디스플레이 광고   ② K포털 디스플레이 광고

③ M포털 배너 광고   ④ K포털 배너 광고

14 ○○상사 영업부 직원 A가 다음 기사 내용을 참고해 기존 그래프를 수정하고자 한다. A가 수정할 그래프로 가장 적절한 것은?

> **엔화 추가 약세 전망**
>
> 달러화는 강세가 고착화되는 반면 엔화는 내년에 100엔당 원화 환율이 현재의 1,100원에서 800원대 중반까지 하락할 것으로 예측됐다.
>
> 한국경제연구원은 1일 전경련회관에서 '슈퍼 달러 초 엔저 시대 정부와 기업의 대응방향' 세미나를 개최했다. (중략)
>
> 한국경제연구원 초빙연구위원은 원–엔 환율 추이에 대해 "2012년 6월 이후 이미 61%나 절상된 원화의 엔화에 대한 절상이 더욱 속도를 내고 있어 내년에는 100엔당 원화 환율이 지금의 1,100원에서 800원대 중반까지 떨어질 수 있다"고 전망했다. (이하 생략)

"엔화가 약세라면 이젠 같은 가격이라도 더 많은 수량을 일본에서 수입할 수 있겠구나. 그러면 국내 시장에서는 공급이 더 늘어나 가격이 낮아질 수도 있겠어."

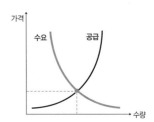

①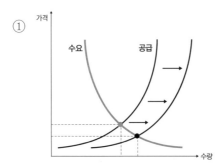

②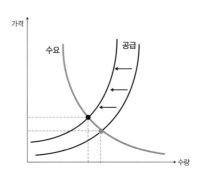

③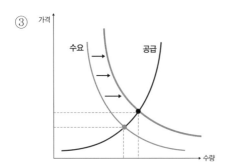

④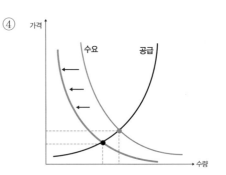

15   ○○소방서에서 근무하는 A가 주방 화재 발생 자료를 분석해 보고서에 작성한 내용 중 수정이 필요한 것은?

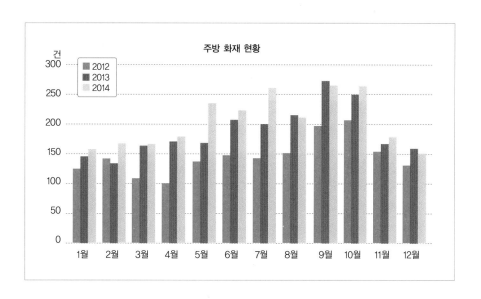

① 2012년부터 2014년까지 매월 약 100건 이상의 주방 화재가 꾸준히 발생하고 있음.

② 여름에는 더운 날씨로 인해 주방에서의 조리 빈도가 낮으므로 주방 화재가 가장 적게 발생함.

③ 9월, 10월에 가장 많이 발생하는 주방 화재를 예방하기 위해 여름부터 조리기구 화재 점검을 해야 함.

④ 2012년부터 주방 화재는 계속 증가 추세를 보이고 있으므로 주부들을 대상으로 주방 화재 예방 방법에 대한 안내가 필요함.

16 (주)OO증권 애널리스트 A가 다음 자료를 보고 예측한 내용으로 가장 적절한 것은?

[2015년 콘텐츠 산업 상장사 매출액 변동 조사 결과]　　　　　　　　　(단위: 억 원)

구 분	2014				2015	증 감	
	1분기	2분기	3분기	4분기	1분기	전분기	전년 동기
게임	7732.7	7719.3	7570.8	7652.7	7868.2	215.5	135.5
인터넷 포털	4923.8	4838.5	5143.5	5083.8	4936.1	−147.7	12.3
출판	6286.0	6442.5	5975.5	6163.9	6387.7	223.8	101.7
방송	7637.2	6604.7	7975.6	7173.0	8570.5	1397.5	933.3
광고	2869.0	1968.8	2583.3	2411.2	2994.7	583.5	125.7
영화	1572.4	1942.6	1458.2	1931.3	1727.9	−203.4	155.5
음악(공연 포함)	1271.8	1342.4	1415.9	1476.2	1524.0	47.8	252.2
애니/캐릭터	805.9	563.9	576.5	633.0	781.8	148.8	−24.1
합계	33098.8	31422.7	32699.3	32525.1	34790.9	2265.8	1692.1

① 영화 산업의 총 매출액은 2014년 4분기부터 감소했으니, 당분간은 매출이 증가하기 어렵겠어.

② 음악 산업의 매출액은 2014년 1분기부터 꾸준히 증가해왔으니, 다음 분기에도 증가하겠네.

③ 전분기보다 애니/캐릭터 산업의 총 매출이 약 24% 증가했으니, 앞으로도 이 애니/캐릭터 산업의 매출은 증가하겠네.

④ 인터넷 포털 산업의 매출액은 전분기에 비해 줄어들기는 했지만 전년 동기에 비해서는 증가했으니, 다음 분기에도 기대할 만하겠어.

PART 5

직무 기반
문제해결능력평가

직장인이 갖춰야 할
문제해결능력

우리는 '문제'라는 말을 하루에도 몇 번씩 사용한다. 곤란한 표정을 짓는 친구에게 '무슨 문제 있어?'라고 물어본다. 시험을 보고 온 친구에게는 '오늘 시험 어땠어? 문제가 어려웠어?'라고 묻기도 한다. 뉴스나 신문에서는 '환경오염 문제가 심각합니다'라는 멘트가 흘러나온다. 직장에서는 '이번 프로젝트에 문제가 생겼어요'라든지 '프로그램이 돌아가지 않는데 뭐가 문제지?'라는 표현을 쓰기도 한다. 문제는 이처럼 다양하게 사용되지만 모두 같은 의미는 아니다. '무슨 문제 있어?'의 문제는 해결하기 어려운 일을 의미한다면 '환경오염 문제'의 경우는 어떤 사물과 연관된 일을 의미한

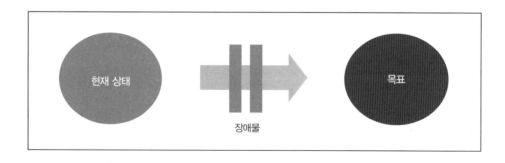

다. 그리고 프로그램이 돌아가지 않는 문제는 귀찮은 일이나 말썽을 뜻한다. 이러한 다양한 문제의 의미 중 직업기초능력에서 다루는 문제란 '해결하기 어려운 어떤 대상'을 뜻한다.

'문제해결'과 관련된 연구는 심리학, 수학, 물리학, 철학, 컴퓨터 과학 등 다양한 학문 분야에서 다양한 시각으로 다뤄져 왔다. 이 중에서도 인지심리학 분야에서 이뤄져 온 연구들이 직무 기반 문제해결능력평가에 시사하는 점이 크다. 인지심리학에서는 문제해결을 인간의 정신적 · 인지적 활동으로 본다. 인지심리학자 러베트는 '문제'를 현 상태와 목표 사이에 장애물이 있으며, 그 장애물을 곧바로 처리할 수 있는 뚜렷한 방법이 없을 때 발생하는 현상 또는 상태라 정의했다. 다시 말해 문제란 해결 또는 처리해야 할 장애물이 발생한 상태 또는 현상이라는 것이다.

이러한 관점에서 보면 모든 직무는 곧 문제다. '현 상태'는 시장 점유율이 하락하거나, 제품의 불량률이 높거나, 원자재 가격이 상승하는 것 등이 된다. 반면 '목표'는 시장 점유율 회복, 제품의 불량률 하락, 대체 자재나 수입선 다변화를 통한 원자재 가격 인하 등이 될 것이다. 이처럼 현 상태로부터 바라는 상태인 목적으로 옮겨가려는 노력이 곧 문제해결 활동인 것이다.

직무는 곧 문제라는 관점에서 직업기초능력을 포함한 직무 기반 평가는 크게 문제해결능력에 대한 평가라 볼 수 있다. 그럼에도 이 책에서 직업기초능력평가 영역을 의사소통, 수리, 문제해결로 나눈 이유는 그 도구가 다르기 때문이다.

여기서 다룰 문제해결능력의 초점은 어휘, 어법, 표현력, 계산, 통계가 아닌 주로 사고력 및 논리적 분석을 활용해 문제를 해결하는 능력이다. 이러한 관점은 NCS의 문제해결능력에 대한 다음의 정의와 맥을 같이 한다고 볼 수 있다.

> 업무를 수행함에 있어 문제 상황이 발생했을 경우, 창조적이고 논리적인 사고를 통해 이를 올바르게 인식하고 적절히 해결하는 능력

출처: NCS 문제해결능력 학습자 교재(한국산업인력공단)

이 정의에는 직무 기반 문제해결평가와 관련해 주목할 부분이 몇 군데 있다. 첫째는 '창조적'이라는 용어다. 여기서 말하는 창조적인 사고란 해당 문제 상황에서 기존의 정해진 해결 방안이 딱히 없을 때 새로운 방안을 고민해본다는 의미다. 제품 공정 과정에서 일정 온도를 유지하기 위해 원하는 온도를 숫자로 입력하는 것은 이미 정해진 절차를 따르는 것에 불과하다. 그러므로 문제해결이라 부르지 않는다. 직무 중 어떤 문제가 발생했을 때 그것을 해결하는 공식적이고 표준화된 절차가 있다면, NCS 관점에서는 그것을 진정한 문제해결 과제로 보지 않는다. 다시 말하면 문제해결능력이란 직무자가 문제해결을 위해 주어진 절차에서 한걸음 더 나아가 생각할 수 있는 능력이다.

NCS의 문제해결능력의 정의에서 두 번째로 주목해야 할 부분은 바로 '논리적인 사고'다. 문제해결은 영감이 아닌 논리적인 사고력을 통해 이뤄진다. 주어진 정보나 상황을 인식한 뒤 어떤 대안이 현실적으로 가능한지 그리고 대안이 하나 이상일 때는 어떤 것이 더 나은지를 논리적으로 판단하는 능력이 곧 문제해결능력이다. 문제해결능력은 NCS에서 규정한 직업기초능력 중의 하나이며, 이는 모든 직무자들이 반드시 갖춰야 하는 능력이다. 전공이나 산업 분야 그리고 학력에 관계없이 모든 직무자들이 갖춰야 하는 이 직업기초능력으로서의 문제해결에 필요한 것은 논리적 사고이지 특정 문제해결 이론이나 기법이 될 수 없다.

문제해결능력 정의에서 세 번째로 주목해야 할 부분은 '문제를 인식하고 적절히 해결하는 능력'이다. 현 상황에서 해결해야 할 문제가 무엇인지를 인식하는 것은 문제해결의 첫걸음이자 가장 핵심적인 활동이다. NCS에서는 문제해결의 결과와 더불어 문제를 인식하는 능력을 강조하고 있다. 또한 문제해결 방식이나 결과와 관련해서도 '적절히 해결하는 능력'이라는 표현을 사용하고 있다. 이는 문제해결을 위한 단 하나의 정도보다는 정황상 무리가 없는, 즉 적절하고 다양한 문제해결의 과정과 결과를 문제해결능력으로 인정한다는 의미로 해석할 수 있다.

이러한 점들을 미뤄볼 때 문제해결능력은 직무 상황에서 장애나 문제가 발생했을 때 해결해야 할 문제를 인식하고, 특정 이론이나 절차가 아닌 논리적인 사고를 통해,

그리고 주어진 여건 아래 가용한 자원과 노력을 동원해 장애나 문제를 제거하는 노력이라 할 수 있다. 문제에 따라선 완벽하게 해결되는 경우가 있을 것이다. 하지만 최악의 결과가 발생하지 않도록 예방하거나 차선을 선택하는 것 역시 성공적인 문제해결로 여겨질 수 있다.

문제해결을 위한
일반적인 절차

일단 문제가 발생하면 직무자들은 문제를 해결하기 위해 다양한 노력을 시도한다. 구체적인 상황을 예로 들어 보자. 소규모 인터넷 쇼핑몰을 운영하는 A는 아침에 출근하자마자 고객의 전화를 받았다. 고객은 기저귀를 주문했는데 티셔츠를 받았다면서, 이게 어찌된 일인지를 따져 묻는다. A는 죄송하다는 사과와 함께 고객의 이름과 주소를 받아 적은 뒤 전화를 끊었다. A가 이 문제를 해결하기 위해 취할 조치에 대해 한번 적어보자.

1. 문제 파악

A는 인터넷 시스템에 접속해 고객이 작성한 주문 내역을 살펴봤다. 고객의 말대로 일주일 전에 기저귀 2박스를 주문한 것이 확인되었다. A의 회사는 주문 정보를 운송장에 바로 출력하는 시스템 개발을 준비 중인데, 현재는 고객이 입력한 주문 정보를 엑셀 파일로 카피한 다음 그 파일을 이용해 운송장을 출력하고 있다. A는 해당 상품의 운송장 출력에 사용되었던 엑셀 파일을 살펴봤다. 엑셀 파일에는 고객의 이름 옆에 기

저귀 대신 티셔츠가 있다. 회사에서 실수한 것이 맞다.

이제 엑셀 파일에서 주문 내역이 뒤바뀐 이유를 알아야 한다. 아무래도 마우스로 주문 내역을 복사해 엑셀 파일로 옮길 때 다른 고객 옆에 그 정보를 '붙여넣기' 해 벌어진 실수로 여겨진다. 이 파일을 가지고 포장 담당자와 운송장 출력 담당자가 작업을 했기 때문에 실제 주문과 다른 상품이 배송된 것이다. 다른 고객들의 주문 내역과 엑셀 파일 내용도 서로 비교해본다. 다른 주문 건에서도 주소 및 수량 등이 일치하지 않는 오류가 발견되었다. 상황이 복잡해진다.

2. 대처

운송장 발송을 위한 엑셀 파일을 주문 내역에 맞게 수정한 뒤 운송장 스티커를 다시 출력한다. 항의한 고객에게 전화를 해 사정을 설명하고 2~3일 내로 주문한 상품이 도착할 것이라고 안내한다. 배송 오류가 발생한 다른 고객들에게도 같은 조치를 취한다. 택배사에 새 상품 발송을 요청하는 동시에 이전에 잘못 보내진 상품을 수거해달라는 요청도 덧붙인다.

3. 재발 방지

생각해보니 유사한 사례가 이전에도 있었다. 주문 내역 정보를 자동으로 포장 담당자와 운송장에 보내게 되면 이런 문제는 발생하지 않을 것이다. 안 그래도 그럴 목적으로 두 달 전에 사무자동화 업그레이드 프로젝트를 발주했다. 현재 개발 중에 있는 사무자동화 시스템은 내달에나 가동될 예정이다. 그때까지 배송 오류를 방지할 수 있는 대책이 필요하다. 불편하기는 하겠지만 작성한 엑셀 파일 내용과 시스템의 주문 내역을 일일이 대조한 후 포장 담당자와 운송장 출력 담당자에게 넘겨야 할 것 같다. 그 담당자들에게도 이런 절차를 안내하고 배송 오류가 발송하지 않도록 주의해줄 것을 요청하기로 한다. 일단 상황은 이렇게 종료되었다.

필자는 A의 문제해결능력을 매우 높이 평가하고 싶다. 그 이유는 다음과 같다. 첫째, A는 문제가 발생했을 때 감정적으로 반응하지 않고 자신이 해결해야 하는 문제를 인식했다. 그것은 배송 오류의 내용과 원인을 파악하고 오류를 바로잡는 것이다. 이 미션을 수행하기 위해 A는 문제가 발생한 원인을 발견하고자 했다. 먼저 고객이 작성한 주문 내역을 확인한 뒤 고객의 잘못은 아니라는 점을 확인했고, 이어 주문에서 배송으로 이어지는 과정을 점검했다. 그리고 포장과 운송장 출력 담당자가 사용하는 엑셀 파일을 작성하는 과정에서 오류가 발생했다는 걸 알게 되었다. 문제의 원인을 파악하는 데 성공한 것이다.

그뿐만이 아니다. 오류가 해당 주문뿐 아니라 다른 주문에서도 발생한 것을 파악했다. 그 덕분에 아직 배송 오류가 발생한 것을 알아채지 못한 고객들에게 선제적인 대응 및 안내가 가능하게 되었다. 상품을 재발송하고 전화를 걸어 고객들에게 전후 사정을 설명하는 것보다 더 나은 해결 방안을 생각하기는 어렵다. 고객 항의와 관련된 문제는 해결되었지만 A는 한걸음 더 나아가 재발 방지 대책까지 수립했다. 단기적인 대안은 엑셀 파일의 내용을 주문 내역과 일일이 대조하는 것이다. 그리고 장기적이고 보다 근본적인 대안은 주문 정보를 운송장에 바로 출력하는 시스템을 갖추는 것이다.

위에서 설명한 이 사례를 어떻게 문제로 만들 수 있을까? 직무 상황에서 문제해결능력이 어떻게 활용되고, 또 평가 문제를 어떻게 만들 수 있을지를 설명하는 데 역시 대상, 목적, 방법의 3원 구조가 유용하게 사용될 수 있다.

문제해결 문제에서 다루는
대상 이해하기

직무 기반 수리능력은 직무를 수학적 공식이나 절차를 활용해 문제를 해결하는 능력이라 했다. 수리는 직무, 즉 문제를 해결하기 위한 활동 중 하나다. 그리고 직무 기반 수리능력의 대상은 이제 다루게 될 문제해결 과제의 대상과 다르지 않다.

첫 번째 요소인 문제해결의 대상은 사람, 시간, 공간, 제품/자재로 구분할 수 있다. 수리에서 사람과 관련된 문제를 해결할 때는 주로 사람의 수를 세거나 인원을 파악하는 것에 초점을 둔다면, 문제해결의 대상으로 사람을 다룰 때는 개인뿐 아니라 부서 또는 조직 등을 고려할 필요가 있다.

사람을 대상으로 하는 문제해결능력 문제 예시

- (주)○○산업의 인사팀에서 교육을 담당하는 A가 다음 상황에서 섭외할 **강사**로 가장 적절한 사람은?

- (주)○○전자 생산팀 사원 A가 팀장이 지시한 요건에 부합하는 **아르바이트 지원자**들을 선정한 명단으로 가장 적절한 것은?

문제해결 대상의 두 번째 범주는 시간이다. 수리능력 문제에서는 시간을 계산하는 문제를 다루는 것에 비해, 문제해결능력에서는 가장 적절한 시간이나 날짜를 선택하는 능력에 초점을 둔다. 자신의 업무 일정을 고려해 업무 관련 연수 일정을 계획하거나 참석자들의 업무 일정을 보고 모두가 가능한 회의 시간을 잡는 것 등도 이에 해당한다.

시간을 대상으로 하는 문제해결능력 문제 예시

- (주)○○식품 직원 A가 HACCP 인증 관련 교육을 신청하고자 한다. 부서의 업무 일정을 고려할 때 A가 선택할 **교육 일정**으로 가장 적절한 것은?
- (주)○○기획의 직원 A가 회의 일정을 잡기에 앞서 회의실 **사용이 가능한 날짜**를 파악하고자 한다.

문제해결 대상의 세 번째 범주는 공간이다. 수리에서 다루는 공간이 주로 상품의 물리적인 무게나 부피 등을 계산하는 것과 연결된다면, 문제해결에서 다루는 공간은 업무 효율을 높이기 위해 동선을 계획하는 것 등과 연결 지을 수 있다.

공간을 대상으로 하는 문제해결능력 문제 예시

- 보험설계사 A가 오늘 방문할 **고객사의 위치**를 파악하고 있다. 동선을 최소화하고자 할 때 A가 방문할 고객사의 순서를 바르게 정리한 것은?

문제해결 대상의 마지막 범주는 제품/자재다. 조직의 목적이 제품을 생산하거나 서비스를 제공하는 데 있는 만큼, 제품(서비스)과 자재는 직무 관련 문제해결의 가장 중요한 대상이기도 하다. 특정 기준에 따라 제품이나 자재를 선정하는 것, 회사의 니즈에 가장 부합하는 서비스를 선택하는 것 등이 이에 해당한다.

- (주)○○전자 생산부 직원 A가 회사의 제품 번호 부여 원칙에 따라 다음 **제품에 번호를** 바르게 부여한 것은?

- (주)○○연구소 직원 A가 다음과 같은 팀장의 요구를 반영해 구입을 고려할 때 **컴퓨터의 사양**으로 가장 적절한 것은?

문제를 해결하는 목적 이해하기

직무 기반 문제해결 활동의 궁극적인 목적은 직무를 성공적으로 수행하는 것이다. 현실과 목표 사이에 장애물이 존재하는 현상이 '문제'라 한다면 문제해결의 목적은 이러한 장애물을 제거하는 것이 될 수 있다.

장애를 제거한다는 것은 사랑니를 발치하는 것과는 달리 일련의 논리적 사고를 거쳐야 한다. 사랑니를 뽑기 전에도 엑스레이를 찍어 사랑니의 상태나 위치를 파악해, 그대로 둬도 될 만한지, 아니면 수술을 통해 당장 제거를 해야 할지를 결정한다. 제거 후에도 잇몸이 제대로 아물었는지를 점검하는 진료 역시 필요하다. 이처럼 하나의 문제를 해결하기 위해 직무자는 일련의 '목적 있는 활동'을 시도한다. 문제해결의 목적을 한번 단계별로 나눠 살펴보자.

문제해결 과정의 도식화

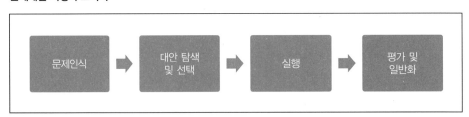

1. 문제인식

현재 발생한 장애가 무엇인지를 파악해야 한다. 문제가 발생하면 당연히 그 문제를 인식할 수 있는데 이를 별도의 단계로 둘 필요가 있는가라고 생각할 수도 있다. 그러나 문제 상황에서 자신이 해결해야 할 문제가 무엇인지를 제대로 인식하는 것과 상황만 쫓아가는 것은 엄연히 다르다.

문제를 인식하기 위해서는 주어진 정보를 이해하고 통합 및 분석하는 논리적 사고가 필요하다. 이는 독해력이나 경청능력에 해당할 수도 있다. 특히 이 단계의 능력을 평가하기 위한 문제는 독해력이나 상사나 동료로부터 들은 정보를 정확히 이해했는가를 평가하는 경우가 많아 의사소통 문제로 오인되기도 한다.

그러나 궁극적인 문제해결을 위한 과정에서 반드시 필요한 능력이라는 관점으로 보자면, 정보 인식 문제를 문제해결능력을 평가하는 문제로 봐야 할 것이다. 현 상황에서 자신이 해결해야 할 문제가 무엇인지를 정확히 파악한 뒤, 그 장애의 발생 원인을 진단하고 문제해결의 목표를 설정하는 것이 바로 문제해결의 제1단계 목적이다.

문제인식을 목적으로 한 문제 예시

- (주)○○쇼핑몰 직원 A가 상품이 잘못 배송된 **원인을 찾기 위해** 취할 조치로 가장 적절한 것은?
- (주)○○마트 고객상담원 A가 현재 고객이 겪고 있는 불편과 관련해 자신이 해결해야 할 **문제를 바르게 파악한 것은**?

---

2. 대안 탐색 및 선택

장애를 제거할 수 있는 방법에는 어떤 것들이 있는지를 생각해야 한다. 장애를 제거할 수 있는 방법이 하나 이상일 수도 있고, 때로는 그중 어느 것 하나도 완벽한 해결책이라 보기 어려운 경우도 있다. 이러한 경우에는 대안들을 상호 비교하고 평가해 그중 어느 것이 더 효과적일지 생각해봐야 할 것이다. 다양한 대안 중 어느 것을 사용할 것인가를 결정할 때는 현실적인 요인도 중요하다. 기계가 고장이 난 경우라면 물론 새로운 기계로 교체하는 것이 가장 효과적인 방법이겠지만, 비용 때문에 이를 해결책으로 선택할 수 없는 경우도 있는 것이다. 이처럼 대안을 비교하는 기준은 효율성, 경제성, 시급성 등 조직의 상황과 요구에 따라 다르게 설정될 수 있다.

> **대안 탐색 및 선택을 목적으로 한 문제 예시**
> - (주)○○패션 디자이너 A가 이탈리아 출장을 위해 **고려할 수 있는 비행기 일정**이 아닌 것은?
> - (주)○○정보 직원 A가 구성원들의 제안을 고려해 선택한 **후보 제품들의 장단점**을 바르게 정리한 것은?

3. 실행

실행은 전 단계에서 고려하거나 선택한 대안을 실행에 옮기기 위한 각종 행동이나 조치에 초점을 둔다. 앞서 소개한 배송 오류 상황의 경우 기저귀를 주문한 고객에게 기저귀를 신속하게 재발송한 뒤, 전화를 걸어 전후 사정과 더불어 주문 상품이 이미 발송되었음을 안내하는 것 등이 바로 실행의 예다. 또한 유사한 배송 오류로 피해를 입은 고객들에게도 재발송 및 사과의 전화를 하는 조치 등도 이에 해당한다.

> **실행을 목적으로 한 문제 예시**
> - (주)○○디자인 직원 A가 도로표지판 작성 원칙에 맞게 **작성한** 국립공원 도로표지판은?
> - (주)○○물산 총무팀 직원 A가 다음 파일들을 파일 분류 규칙에 따라 **바르게 정리한** 것은?

4. 평가 및 일반화

문제해결을 위해 시도했던 조치나 결정이 의도한 성과로 이어졌는지를 점검하는 단계를 말한다. 자신이 사용했던 해결 방안이 과연 효과적이었는지, 만약 효과적이지 않았다면 실패한 원인이 무엇인지를 분석한다. 사려 깊은 직무자라면 이번 경험을 토대로 앞으로 유사한 문제가 발생할 경우 어떻게 대처할 것인지를 미리 생각해보기도 할 것이다.

> **평가 및 일반화를 목적으로 한 문제 예시**
> - (주)○○디자인 직원 A가 **추후 유사한 오류를 방지하기 위해** 취할 조치로 가장 적절한 것은?
> - 야채 중도매인 A가 앞으로 경매에서 **실패하지 않기 위해** 반드시 기억해야 할 점은?

직무 상황에서의 문제해결 과정을 인식→대안 탐색→실행→평가 등의 단선적인 과정으로만 설명하기는 어렵다. 실행 과정에서 또 다른 문제를 발견하기도 하고, 실행까지 마친 상황에서 문제의 원인을 제대로 파악하지 못했다는 사실을 깨닫기도 한다. 문제해결능력은 이 과정 전반에 걸쳐 발현되는 것으로, 평가를 제대로 하기 위해서는 문제해결 과제를 제시하고 이를 해결하는 과정과 결과를 모두 요구하는 수행평가 문제를 활용하는 것이 가장 바람직할 것이다.

그러나 직업기초능력평가와 같이 다수의 지원자들을 대상으로 한 검사에서 수행형 과제를 사용하는 것은 불가능하다. 이에 대한 대안으로 고려해볼 수 있는 것은 문제해결의 단계별 활동을 분리해 각각의 문제를 만들어 평가하는 것이다. 예를 들면 하나의 문제 상황에서 이 문제 상황을 해결하기 위한 일련의 문제들, 즉 문제인식, 대안 비교 및 평가, 실행, 실행 결과에 대한 성찰에 목적을 두고 각 과정 하나하나를 평가하는 것이다.

또한 발생한 문제에 따라 해결의 가장 핵심이 되는 부분만 물어보는 문제를 만들 수도 있다. 그리고 모든 과정이 반영된 결과만을 묻는 단문항형 문제를 만들 수도 있다. 이와 같은 문항의 구체적인 예는 다음의 직무 기반 문제해결능력 진단하기에 제시되어 있다.

문제해결을 위한 방법 이해하기

직무 기반 문제해결능력을 구성하는 세 번째 요소는 '방법'이다. 여기서 제안하는 문제해결 방법의 주요 범주는 정보활용, 기술활용, 자원활용, 조직이해의 네 가지다. 이들 네 개 범주는 직무자들이 직무를 해결하기 위해 주로 활용하는 방법에 착안한 것이다.

첫째, 정보활용은 직무자가 가장 중요하고도 빈번하게 활용하는 문제해결 방법이다. 정보가 없거나, 정보를 활용할 수 없는 업무 상황을 상상할 수가 있는가? 문제를 인식하기 위해, 발생한 문제를 해결할 수 있는 대안을 찾기 위해, 그리고 실행 과정에서 주의할 점을 찾기 위해 직무자들은 끊임없이 정보를 활용한다.

정보활용 방법을 요구하는 문제해결 문제 예시

- (주)○○디자인 직원 A가 다섯 자리 우편번호 전환을 위해 이용할 수 없는 **웹사이트**는?

- (주)○○게임의 IT 담당자 A가 접속자가 성인인지를 인증하기 위해 **수집할 정보**가 아닌 것은?

두 번째 문제해결 방법은 기술을 활용하는 것이다. 직무에 필요한 기술의 구체적인 형태, 내용과 수준은 직무에 따라 달라질 수 있다. 특정 직무에 필요한 기술은 직무능력평가에서 심도 있게 다뤄야 할 것이다. 직업기초능력평가에서는 모든 직무자가 갖춰야 할 공통적인 기술에 초점을 둬야 한다. 이러한 기술로는 컴퓨터 하드웨어나 소프트웨어 그리고 주변기기를 직무에 활용할 수 있는 능력 등을 생각할 수 있다.

기술활용 방법을 요구하는 문제해결능력 문제 예시

- (주)○○산업 마케팅팀 사원 A가 다음 폴더에서 가장 최근에 작업한 보고서 파일을 찾기 위해 **사용할 기능**으로 가장 적절한 것은?
- 청과물 중도매인 A가 복숭아 경매에 참여하기 위해 눌러야 할 **무선 응찰기 버튼의 순서**가 바르게 정리된 것은?

세 번째 문제해결 방법은 자원을 활용하는 것이다. 직무와 관련된 문제를 성공적으로 해결하는 열쇠는 제품, 자재, 인력, 시간 등을 포함한 인적·물적 자원의 효율적인 관리에 있다고 해도 과언이 아닐 것이다. 필요한 자원을 최대한 활용함으로써 문제를 해결할 수 있다. 앞으로 새로이 들여와야 할 자원의 규모를 추산하고, 이러한 자원을 효율적으로 활용하는 방안을 마련하는 것 역시 문제를 해결하는 방법이 될 수 있다.

자원활용 방법을 요구하는 문제해결능력 문제 예시

- ○○헬스 관리직원 A가 현재 보유 중인 상비약품의 **유효기간을 고려**해 추가로 구입해야 할 상비약품을 바르게 정리한 것은?
- ○○주민센터 직원 A가 강사들의 **일정을 고려**해 주민 건강 프로그램을 작성한 것으로 가장 적절한 것은?

네 번째 문제해결 방법은 조직이해, 더 구체적으로는 조직의 규정과 절차를 활용하는 것이다. 직무 상황에서의 문제해결은 일상생활이나 학업 상황에서 문제를 해결하는 것과는 매우 다르다. 일반적인 기준에서 보면 매우 훌륭하고 기발한 해결 방안일지라도 조직의 규정이나 절차에 맞지 않거나 위배된다면, 그것은 직무 기반 문제해결의 관점에서는 결코 좋은 것이 될 수 없다. 이러한 관점에서 문제를 해결하는 방법 중 하나로 조직의 규정과 절차를 포함시키게 되었다.

조직이해 방법을 활용한 문제해결능력 문제 예시

- ○○통상 총무직원 A가 다음 결재라인에 따라 결재를 요청해야 할 상사들을 바른 순서로 정리한 것은?
- ○○전기 제품개발팀 A가 다음 조직도와 회의 의전매뉴얼에 따라 참석자들의 좌석을 배열한 것으로 가장 적절한 것은?

이상에서 설명한 3원 요소를 결합해 다양한 직무 기반 문제해결능력 문제를 만들 수도 있다. 예를 들면 제품을 대상으로, 정보활용을 방법으로, 대안 탐색을 목적으로 하는 문제를 개발한다고 하자. 그러면 신상품 개발 상황에서, 기존의 유사 제품에 대한 정보를 분석함으로써, 자사의 신상품에 담아야 할 강점을 탐색하는 식의 문제를 개발할 수 있다는 것이다.

이러한 접근을 활용한 다양한 문제들을 다음의 직무 기반 문제해결능력 진단하기에서 살펴보도록 하자.

문제해결능력평가의 3원 구조에 근거한 문제 구성 예시

 → 유사 제품에 대한 정보를 분석함으로써,
자사의 신상품에 담아야 할 강점을
탐색하는 문제

직무 기반 문제해결능력 진단하기

다음 페이지에는 직무 기반 문제해결능력을 진단하기 위한 문제들이 제시되어 있습니다. 직무 기반 문제해결능력을 평가하는 문제는 다양한 형태로 만들어질 수 있습니다. 본 검사지에 포함된 문제는 이 책에서 소개한 대상, 목적, 방법의 세 요소를 고려했을 때 만들어질 수 있는 문제 유형 중의 일부 예시일 뿐 문제해결능력평가 전체를 대표하는 것은 아니라는 점을 밝힙니다.

검사지에 포함된 문제는 직무 기반 문제해결능력을 평가하기 위한 목적으로 개발된 것입니다. 이전에 경험했던 것이나 자신이 알고 있는 지식에 의존하지 말고, 지문에 제시된 정보만을 활용해 문제를 해결해나가기 바랍니다. 지문으로 사용된 자료나 절차는 문제해결능력 문제 구성을 위해 명칭, 날짜, 절차, 내용 등을 의도적으로 수정하거나 재구성했음을 밝혀둡니다. 질문에 제시된 지시 내용을 파악해 실제 직무를 하듯이 문제를 풀어나가기 바랍니다. 검사가 끝나면 정답 및 해설을 참고해 자신의 문제해결능력을 진단해보세요.

01 (주)○○산업의 총무부 직원 A가 인터넷 검색 조건으로 선택할 항목을 모두 고르시오
    (항목 옆의 박스에 체크하시오).

이번에 대회의실에 전자칠판을 하나 들여놓으려 합니다. A씨가 시중에 나와 있는 제품 중 적당한 걸 찾아봐주세요. 요즘 전자칠판은 컴퓨터 화면을 단순히 확대하는 게 아니라 인쇄도 되고, 또 컴퓨터 없이 USB 파일을 실행할 수도 있다는군요. 원하는 사양은 한 화면에 최소 4페이지를 담을 수 있어야 하고, 프린터와 USB 호환이 가능해야 합니다. 그리고 컬러인쇄 옵션도 있으면 좋겠네요.

제품 종류	☐OHP	☐전자칠판	☐실물화상기	
램프 종류	☐EVD	☐FNT	☐Metal Halide	
렌즈 형태	☐전동 줌	☐2겹	☐3겹	
해상도	☐768 · 494	☐1280 · 1024	☐2048 · 1536	
화면 수	☐1페이지	☐2페이지	☐4페이지	☐5페이지
출력 방식	☐흑백인쇄	☐컬러인쇄		
주요 기능	☐USB	☐데이터 출력	☐프린터 호환	☐캡처 기능

02~03 사립재단이 운영하는 ○○고등학교 행정실에서 근무하고 있는 A가 초과근무 수당을 신청하고자 한다. 자료를 읽고 이어지는 문제에 답하시오.

상사: A씨, 오늘도 야근인가?

A: 그렇습니다. 요즘 학기 초라 처리할 일이 많아서요. 일도 일이지만 초과근무 수당을 신청하려면 매번 시스템에서 행정팀장님, 교감 선생님, 교장 선생님 찾아서 승인자 지정하는 게 꽤 번거롭네요. 최근에는 업무 내용에 따라 부장 선생님을 협조자로 추가해야 하니 더 힘들어요. 야근 업무 내용에 따라 부장 선생님을 다르게 지정해야 하니까요.

상사: 동감이야. 나도 전에 초과근무 수당 신청하면서 번거롭다 생각했었는데, 시스템에 결재선을 지정할 수 있다는 걸 알게 돼 문제가 간단히 해결되었지. 그리고 학교에 부장 선생님이 몇 분 안 계시니, 시스템에 부장 선생님별로 결재라인을 지정해 저장해두면 될 걸세. A씨도 여기 이 결재라인 등록 매뉴얼을 참조해서 한번 해봐.

1. 교육정보시스템 로그인 ➡ "결재선 등록" 클릭
2. 아래 창에 교직원 명단이 나타나면 ①~⑥의 순서로 결재선 지정

❖ 결재선 등록

| 성명 | [   ] | [조회] | ○ 승인자 | ○ 협조자 |

성명	ID	직위	▲
	③, ④		
			▼

내 결재선 [   ]

[승인자 삭제] [협조자 삭제] [결재선 삭제]

결재선	①	⑤ 결재선 저장	② 결재선 신규 등록
성명	순번 구분	성명	부서명
	⑥		

[닫기]

---

① 결재선에 원하는 사항 입력
② 결재선 신규 등록 클릭
   ex) 초과근무, 교무-교감-교장, 관내 출장 등으로 본인이 구분하기 쉽게 입력 및
      저장
③ 승인자 선택 후 창에 나타난 승인자 중 결재 순서(하→상)대로 클릭, 승인자로 지정
   할 교사가 안 보일 경우 성명 옆의 박스에 성명을 입력 후 조회 클릭
   ex) 교무부장 클릭→교감 클릭→교장 클릭
④ 협조자 선택 후 창에 나타난 협조자 클릭. 협조자로 지정할 교사가 안 보일 경우 성
   명으로 조회해서 클릭
⑤ 승인자, 협조자 선택 후 결재선 저장 버튼 클릭
⑥ 결재선에 이미 지정되어 있는 승인자 또는 협조자를 삭제, 추가하기 위해서는 [결재
   선 등록] 화면에서 해당 결재선을 선택한 뒤, 삭제할 승인자/협조자를 선택한 후 [승
   인자 삭제] 버튼 또는 [협조자 삭제] 버튼을 누르고, 새로 추가할 승인자 또는 협조
   자를 선택해 저장

A가 다음과 같은 결재라인을 교육정보시스템에 신규로 등록하고자 할 때 그 순서를 바르게 지정한 것은?

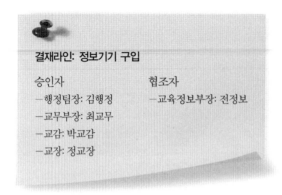

결재라인: 정보기기 구입

승인자
- 행정팀장: 김행정
- 교무부장: 최교무
- 교감: 박교감
- 교장: 정교장

협조자
- 교육정보부장: 전정보

❖ 결재선 등록

성명 [　　　　] [조회]　　　ⓙ○ 승인자　　　　ⓛ○ 협조자

성명	ID	직위	▲
ⓒ 정교장		교장	
② 박교감		교감	
ⓜ 최교무		교무부장	
ⓗ 전정보		교육정보부장	
ⓢ 김행정		행정팀장	
ⓞ 이정보		교육정보부	
ⓩ 조선도		생활지도부	
ⓩ 이진로		진로상담부	▼

내 결재선 [　　　　　　　]

[승인자 삭제]　[협조자 삭제]　[결재선 삭제]

결재선	ⓙ **정보기기 구입**	ⓔ 결재선 저장	ⓟ 결재선 신규 등록
선택	순번	구분	성명　　　부서명

[닫기]

① ㅋ → ㅍ → ㄷ → ㄹ → ㅁ → ㅅ → ㄱ → ㅂ → ㄴ → ㅌ

② ㅋ → ㅍ → ㄱ → ㅅ → ㅁ → ㄹ → ㄷ → ㄴ → ㅂ → ㅌ

③ ㅋ → ㅅ → ㅁ → ㄹ → ㄷ → ㄱ → ㅂ → ㄴ → ㅍ → ㅌ

④ ㅋ → ㄱ → ㄷ → ㄹ → ㅁ → ㅅ → ㄴ → ㅂ → ㅍ → ㅌ

03 새 학기를 맞아 '이정보' 교사가 새로운 교육정보부장으로 발령이 났다. A가 이를 반영해 결재라인을 수정할 절차로 바른 것은?

❖ 결재선 등록

성명	[　　　　] [조회]	㉠ ○ 승인자	㉡ ○ 협조자

성명	ID	직위	▲
㉢ 이정보		교육정보부장	
㉣ 조선도		생활지도부장	
㉤ 이진로		진로상담부장	▼

내 결재선 [　　　　　　　]

㉥ [승인자 삭제]　㉦ [협조자 삭제]　㉧ [결재선 삭제]

결재선	정보기기 구입	㉨ 결재선 저장	㉩ 결재선 신규 등록

성명	순번	구분	성명	부서명
㉠ ☐	1	협조자	전정보	교육정보부장
㉣ ☐	2	승인자	김행정	행정팀장
㉤ ☐	3	승인자	최교무	교무부장
㉦ ☐	4	승인자	박교감	교감
☐	5	승인자	정교장	교장

[닫기]

① ㉧ → ㉠ → ㉡ → ㉢ → ㉨

② ㉠ → ㉣ → ㉤ → ㉦ → ㉨

③ ㉠ → ㉧ → ㉡ → ㉢ → ㉨

④ ㉠ → ㉥ → ㉠ → ㉢ → ㉨

고객: ○○쇼핑몰이죠? 기저귀를 주문했는데 티셔츠를 보내주면 어떻게 해요?

A: 고객님 불편을 끼쳐드려서 죄송합니다. 성함과 전화번호 알려주시면 확인해보고 바로 연락드리겠습니다.

고객: 제 이름은 이영희이고 전화번호는 010-000-0000이에요.

〈온라인 주문 내역〉　　　　　　　　　　　12월 10일

No.	성명	품목	사이즈	수량	주소	비고
1	이영아	티셔츠	M	1	성남시 분당구 OO로 61-2, 403호	
2	이영희	기저귀	S	1	서울시 영등포구 OO로 5	
3	강아람	면바지	L	1	서울시 종로구 OO길 26, 101호	
4	정다운	티셔츠	M	2	서울시 성동구 OO로 448, 703호	
5	배정우	양말	XS	1	고양시 일산서구 OO로 161, 102호	
6	강아람	면바지	L	1	서울시 동대문구 OO길 26, 107호	
129	유진아	티셔츠	M	2	서울시 관악구 OO로 428, 503호	
130	최아름	양말	XS	1	고양시 일산서구 OO로 161, 102호	
131	강하늘	양말	M	3	서울시 중구 OO로 458, 212호	
132	진해솔	티셔츠	XS	1	고양시 행신구 OO로 122, 708호	

〈운송장 출력을 위한 엑셀 파일〉

A	B	C	D	E	F	G
No.	성명	품목	사이즈	수량	주소	비고
1	이영아	티셔츠	M	1	성남시 분당구 OO로 6 1-2, 403호	
2	이영희	티셔츠	M	1	서울시 영등포구 OO로 5	
3	강아람	면바지	L	1	서울시 종로구 OO길 26, 101호	
4	정다운	티셔츠	M	1	고양시 일산서구 OO로 161, 102호	
5	배정우	양말	XS	2	서울시 성동구 OO로 448, 703호	
129	유진아	티셔츠	M	2	서울시 관악구 OO로 428, 503호	
130	최아름	양말	XS	1	고양시 일산서구 OO로 161, 102호	
131	강하늘	티셔츠	M	2	서울시 중구 OO로 458, 212호	
132	진해솔	양말	XS	1	고양시 행신구 OO로 122, 708호	

04 운송장 출력에 사용된 엑셀 파일에서 이영희 고객의 주문 정보를 찾아보기 위해 A 가 사용할 버튼으로 적절하지 <u>않은</u> 것은?

①
정렬

②
찾기 및 선택

③
필터

④
하이퍼 링크

05 자료를 살펴본 A가 '이영희 고객'에게 상품이 잘못 배송된 문제의 원인을 바르게 찾아낸 것은?

① '주소'를 옮기는 과정에서 오류가 발생했구나.

② 'No.'를 기준으로 정렬하는 과정에서 실수가 있었네.

③ 티셔츠를 주문한 또 다른 이영희 고객이 있었네.

④ 다른 고객의 주문 내역을 이 고객의 주문 내역으로 잘못 붙여 넣었네.

06 A가 배송 오류와 관련해 문제를 제대로 해결하기 위해 생각한 대안들 중 가장 적절한 것은?

① 모든 고객에게 전화를 걸어 어떤 상품이 배송되었는지 일일이 확인해봐야겠어.

② 전체 주문 내역과 엑셀 파일을 점검한 후 다른 고객들에게도 조치를 해야 할지를 결정해야겠어.

③ 이영희 고객이 화가 많이 났으니 주문한 기저귀와 함께 작은 사은품이라도 보내줘야겠어.

④ 이영아 고객에게 전화를 걸어 혹시 기저귀가 배달되지 않았는지 알아보는 게 좋겠어.

07 현재 발생한 배송 오류 문제들을 해결하게 위해 A가 취할 조치로 적절하지 <u>않은</u> 것은?

① 주문 내역과 다른 상품이 발송된 고객에게 사과를 한 후 상품을 교환해준다.

② 엑셀 파일을 주문 내역에 맞게 수정해 운송장 스티커를 다시 출력한다.

③ 현재 거래 중인 택배회사를 다른 택배회사로 변경한다.

④ 오배송 피해 고객들을 위해 택배회사에 상품 재발송을 의뢰하면서 먼저 보냈던 상품을 수거해달라 요청한다.

08 A는 앞으로 이러한 배송 오류를 방지하기 위한 근본적인 대책을 생각 중이다. A가 선택할 방안으로 가장 적절한 것은?

① 온라인 주문 수령 후 고객에게 SMS 문자로 주문 내역을 알려준다.

② 배송 전에 고객에게 SMS 문자로 배송 물품 내역을 알려준다.

③ 수기로 작성한 엑셀 파일을 주문 내역과 일일이 대조할 인력을 새로 채용한다.

④ 온라인 주문서의 정보를 자동으로 운송장으로 출력할 수 있는 시스템을 마련한다.

팀장: 이번 9월에 팀별 직무교육을 진행했으면 합니다. 영업1팀은 A씨가 맡아서 진행해주세요. 영업1팀 구성원들은 고객을 접촉하는 일반 영업 업무를 주로 담당하고 있어요. 이러한 업무에 도움이 되는 강사를 섭외해주세요. 그리고 일정은 주말과 월요일을 제외한 주중 3일로 하고, 팀 구성원들이 전원 참석할 수 있도록 잡아야 합니다. 3일이나 하니까 다양한 강사들이 참여할 수 있도록 일정을 짜주세요. 강사 관련 자료는 메일로 보내줄게요.

〈강사별 강의 주제 및 일정〉

성 명	강의 가능 일정	강의 가능 주제
김대한	9월 1일~9월 17일	IT 개발 전략 수립
이나라	9월 1일~9월 10일	업무 비용 처리 정산 방법
박성실	9월 5일~9월 10일	고객 불만 처리 대응 방안
최미래	9월 10일~9월 15일	생산 품질관리(Quality Assurance)
정열심	9월 10일~9월 28일	고객 설득 및 세일즈 노하우
조한열	9월 21일~9월 30일	영업 계약서 작성 실무

09 팀장이 지시한 대로 영업1팀의 직무교육 일정을 잡기 위해 A가 반드시 추가로 수집해야 할 정보는?

① 강사의 이력 사항

② 타부서의 직무 교육 일정

③ 영업1팀 구성원의 업무 일정

④ 지난해 영업1팀 직무 교육 프로그램

10 A는 영업1팀의 직무교육에 포함시킬 강의 주제를 선정하기 위해 NCS의 일반 영업 관련 능력 요소들을 찾아봤다. 강사들의 강의 주제를 참고할 때, A가 섭외할 강사 후보를 바르게 정리한 것은?

일반 영업	이윤 창출을 목적으로 회사 상품을 고객에게 판매하기 위한 업무	
능력	영업 외부환경 분석	영업 내부환경 분석
	영업 전략 수립	영업 고객 상담
	영업 제안 준비	영업 계약 체결 관리
	영업 계약 이행 관리	영업 성과 관리
	영업 고객 불만 관리	영업 고객 유지 관리

① 김대한, 이나라, 박성실 ② 박성실, 정열심, 조한열

③ 이나라, 최미래, 정열심 ④ 김대한, 최미래, 조한열

11 다음은 영업1팀 구성원들로부터 받은 개인 일정과 9월 달력이다. A가 직무교육을 위해 잡을 수 있는 날짜 중 가장 빠른 것은?

9월						
일	월	화	수	목	금	토
		1	2	3	4	5
6	7	8	9	10	11	12
13	14	15	16	17	18	19
20	21	22	23	24	25	26
27 추석	28	29	30			

A 9월에 실시할 팀별 직무교육 일정으로 인해 영업1팀의 개별…	(3일 전)
∟ **영업1팀 팀장** 나에게 ✅ 9월 2일부터 4일까지 국제박람회 때문에 중국 출장이 있어요. 추석 바로 전에…	(2일 전)
∟ **영업1팀 K대리** 나에게 ✅ 4일부터 휴가 내서 7일에 복귀합니다.	(2일 전)
∟ **영업1팀 L대리** 나에게 ✅ 18일에 제품 시연 행사가 있고, 25일 연차를 냈습니다.	(2일 전)
∟ **영업1팀 P과장** 나에게 ✅ 24일에 K지역의 물류창고에 점검차 가야 해요.	(1일 전)
∟ **영업1팀 C사원** 나에게 ✅ 7일부터 8일까지 신규 고객 관리 프로그램 연수 받으러 갑니다.	(1일 전)

① 9월 9일 ~ 9월 11일

② 9월 14일 ~ 9월 16일

③ 9월 16일 ~ 9월 18일

④ 9월 21일 ~ 9월 23일

12 앞 문제에서 정한 날짜에 영업1팀의 직무교육을 실시하고자 할 때, 1일차 교육을 위해 A가 섭외할 강사로 가장 적절한 사람은?

① 박성실

② 최미래

③ 정열심

④ 조한열

13~16 ○○문화강좌센터에서 근무하고 있는 A가 교육 시간표를 작성 중이다. 자료를 읽고 이어지는 물음에 답하시오.

상사: 현재 2사분기 시간표를 참고해 오는 3사분기 라틴아메리카 댄스 교습 프로그램을 작성해 주세요. 2사분기에서 올라오는 교습생들이 많을 테니까 3사분기 시간표를 짤 때는 현재 분기의 시간표를 잘 분석해야 할 거예요. 예를 들어 차차차와 룸바는 초급반을 마친 학생들이 계속 배우고 싶어 하니까 중급반을 반드시 넣어야 해요. 대신 2사분기에 초급반이 없었던 장르는 이번에 초급반을 넣어야 하고요. 이번 기의 프로그램에는 룸바, 차차차, 자이브, 파소도블레, 삼바 이렇게 5개 장르별로 최소 1개 반이 포함되도록 시간표를 짜주세요. 참, 그리고 화요일 저녁 9시는 부부댄스 동호회로 이미 정해졌으니까 그건 그대로 둬 주세요.

〈라틴아메리카 장르 담당 강사〉

강사명	지도 가능 장르	7~9월 수업 가능 시간
이지영	룸바, 차차차, 삼바	월요일, 목요일, 금요일만 가능
김진호	룸바, 파소도블레	매주 금요일은 불가능
박영미	차차차, 삼바	월, 수, 금 모두 8시까지만 가능 / 화, 목 불가능
최미주	자이브, 삼바	화, 금만 가능
정영식	차차차	매일 8시 이후부터 가능
한명수	룸바, 차차차, 파소도블레	월, 금 8시 이후부터만 가능 / 나머지 불가능

〈2사분기(4월~6월) 시간표〉

	월	화	수	목	금
6:00~ 6:50	파소도블레 초급 김진호	룸바 초급 이지영	파소도블레 초급 김진호	파소도블레 초급 김진호	룸바 초급 이지영
7:00~ 7:50	차차차 초급 박영미	삼바 고급 이지영	자이브 고급 최미주	차차차 초급 박영미	삼바 고급 이지영
8:00~ 8:50	삼바 중급 박영미	룸바 중급 한명수	파소도블레 중급 김진호	삼바 중급 박영미	룸바 중급 한명수
9:00~ 9:50	차차차 중급 정영식	부부댄스 동호회	차차차 고급 한명수	차차차 중급 정영식	차차차 고급 한명수

13 A가 3사분기 시간표에 초급반을 반드시 넣어야 할 장르는?

① 룸바   ② 자이브

③ 차차차   ④ 파소도블레

14 A가 3사분기 시간표를 작성하기 전에 강사들이 수업할 수 있는 시간을 표로 정리한 후 원
    자료의 내용과 대조하고 있다. 다음 중 A가 원 자료에 맞게 수정해야 할 강사의 일정은?

	월	화	수	목	금
이지영	O	X	X	O	O
김진호	O	O	O	O	X
박영미	~8	X	~8	X	~8
최미주	X	O	X	O	X
정영식	8~	8~	8~	8~	8~
한명수	8~	X	X	X	8~

O: 전일 가능, X: 전일 불가능, ~숫자: 시간까지만 가능, 숫자~: 시간 이후부터 가능

① 이지영   ② 최미주

③ 정영식   ④ 한명수

15 A는 댄스 교육 프로그램을 제대로 짜기 위해서는 장르와 수준, 강사 시간 등을 복합
    적으로 고려해야 한다는 사실을 깨달았다. 다음 중 A가 선택할 구성 전략으로 가장
    효율적인 것은?

첫 번째 기준		선택 가능한 내용
① 장르별 강의 횟수	→	횟수별로 가능한 강의 수준 선택 가능
② 장르별 강의 수준(초급, 중급, 고급)	→	수준별로 가능한 강사 선택 가능
③ 시간대별 가능한 강사	→	강사별로 가능한 장르 선택 가능
④ 시간대별 가능한 장르	→	장르별로 가능한 강사 선택 가능

16 A가 다양한 조건을 고려해 구성한 3사분기 댄스 교습 프로그램으로 적절하지 않은 것은?

①

	월	화	수	목	금
6:00	룸바 초급	자이브 초급	파소도블레 초급	룸바 초급	자이브 초급
~6:50	이지영	최미주	김진호	이지영	최미주
7:00	차차차 초급	삼바 초급	차차차 초급	파소도블레 중급	삼바 초급
~7:50	박영미	최미주	박영미	김진호	최미주
8:00	룸바 중급	자이브 고급	룸바 고급	삼바 고급	룸바 중급
~8:50	한명수	최미주	김진호	이지영	한명수
9:00	차차차 중급	부부댄스	파소도블레 고급	차차차 중급	차차차 고급
~9:50	정영식	동호회	김진호	정영식	정영식

②

	월	화	수	목	금
6:00	차차차 초급	파소도블레 초급	삼바 중급	파소도블레 초급	룸바 고급
~6:50	이지영	김진호	박영미	김진호	이지영
7:00	파소도블레 중급	자이브 초급	삼바 고급	파소도블레 중급	자이브 초급
~7:50	김진호	최미주	박영미	김진호	최미주
8:00	룸바 중급	삼바 초급	차차차 고급	룸바 중급	삼바 초급
~8:50	이지영	최미주	정영식	이지영	최미주
9:00	파소도블레 고급	부부댄스	차차차 중급	차차차 중급	파소도블레 고급
~9:50	한명수	동호회	정영식	정영식	한명수

③

	월	화	수	목	금
6:00	룸바 고급	파소도블레 초급	차차차 초급	파소도블레 초급	룸바 고급
~6:50	이지영	김진호	박영미	김진호	이지영
7:00	룸바 중급	삼바 초급	삼바 고급	룸바 중급	삼바 초급
~7:50	김진호	최미주	박영미	김진호	최미주
8:00	삼바 중급	자이브 초급	차차차 고급	삼바 중급	자이브 초급
~8:50	이지영	최미주	정영식	이지영	최미주
9:00	파소도블레 고급	부부댄스	차차차 중급	차차차 중급	파소도블레 고급
~9:50	한명수	동호회	정영식	한명수	한명수

④

	월	화	수	목	금
6:00	룸바 초급	자이브 초급	삼바 중급	룸바 초급	자이브 초급
~6:50	이지영	최미주	박영미	이지영	최미주
7:00	룸바 중급	삼바 초급	룸바 중급	차차차 초급	삼바 초급
~7:50	김진호	최미주	김진호	김진호	최미주
8:00	차차차 중급	자이브 고급	차차차 중급	파소도블레 초급	룸바 고급
~8:50	정영식	최미주	정영식	김진호	한명수
9:00	파소도블레 중급	부부댄스	차차차 고급	차차차 고급	파소도블레 고급
~9:50	한명수	동호회	정영식	정영식	한명수

정답 및 해설

01 이 문항의 의사소통 3요소는 '정보 전달-상사-문서 작성'이다. 상사의 지시를 듣고 핵심적인 내용을 정리할 수 있는 능력을 평가하는 것이다. 상사는 A에게 세 가지의 조건을 제시하고 있다. 전국 자료를 제일 앞에 제시할 것, 그리고 광주, 대구, 인천의 순서(가나다순)로 배열할 것, 각 지역의 소비량과 보급률을 정리할 것 등이 그것이다. ①번 도표의 경우 가나다순으로 정리한 것은 좋지만 전국 자료가 제일 뒤에 있으며, ②번 도표는 전국 자료는 맨 앞에 배열했지만 가나다순이 아니다. ④번 도표는 전국 자료를 앞에 놓고 가나다순으로 정리한 것은 좋지만 보급률이 제시되지 않았다. 따라서 정답은 ③이다.

02 이 문항의 3요소는 '설득-협력 업체-언어 구사'다. 업무 측면에서 협력 관계에 있는 상대 회사를 적절히 설득하는 능력을 갖추고 있는가를 평가하려는 것이다. 인쇄소에서는 광고 포스터 인쇄 작업을 진행 중이지만 기획사는 신통치 않은 고객사의 반응 때문에 새로운 시안 작업을 해야 한다. 따라서 A씨는 인쇄소에 가서 저간의 사정을 설명하고 양해를 구해야 한다. 설득적 의사소통에서 자신의 입장만 설명하면서 이해를 구하는 것은 바람직한 태도가 아니다(①). 고객사의 요구를 무시하는 것도 올바른 태도는 아니다(③). 계약서의 내용은 회의록에서 확인할 수 없다(④). 따라서 정답은 ②다.

03 이 문항의 3요소는 '협력-상사-언어 구사'로, 직무 시 동료의 의견을 반박하는 대화 요령 중 공손성의 능력을 묻는 것이다. 회의 도중 상대방의 발언이 자신의 의견과 다를 때에도 상대방을 존중하고 배려하는 태도를 갖춰야 원활한 회의가 진행될 수 있다. 박 대리는 2분기 마케팅 대상을 노인층으로 할 것을 제안했지만, A는 노인층의 자동차 구매 심리가 그리 높지 않을 것이라 판단하고 있다. 이 경우 상대방의 의견을 일단 존중한 뒤, 발언의 문제점을 지적하는 태도가 바람직하다. 그러나 박 대리의 의견과 A의 의견에 일치점이 없기 때문에 일치되는 부분을 강조하는 것은 적절하지 않다(①). 2분기 마케팅 대상을 노인층으로 잡자고 한 박 대리의 의견은 회의 의제인 2분기 마케팅 전략에서 벗어난 것이 아니다(②). 상대방의 의견을 존중하는 태도는 바람직하지만 박 대리의 의견이 채택되기를 바라는 입장은 아니다(③). 따라서 정답은 ④다.

04 이 문항의 3요소는 '협력-동료-문서 작성'이다. 회의에서 논의된 주된 내용을 올바르게 정리할 수 있는가를 평가하고 있다. 최 과장은 자동차 판매 전략으로 청년층에게 호감을 줄 수 있는 디자인이나 효율성을 강조하고 다양한 할인 전략을 활용했지만, 판매 실적이 좋지 못했다고 보고했다. 또한 박 대리는 청년층의 외제차 구매가 증가했다고 보고했다. 이로 볼 때 구매 능력이 있는 청년층에 대한 마케팅 전략이 적절하지 않았음을 알 수 있다. 따라서 청년층 대상 마케팅 전략이 성공적이라는 기록은 잘못된 것이다. A는 신혼 가정을 마케팅 대상으로 삼고 싶다고 발언(②)했으며, 박 대리와 A 사이에서는 노인층을 새로운 마케팅의 대상으로 해야 한다는 점에 대해 논쟁이 벌어지고 있다(③). 정 부장은 마무리 발언에서 3일 뒤 같은 장소와 시간에서 다시 회의를 할 것을 제안했다(④). 따라서 정답은 ①이다.

05 이 문항의 3요소는 '협력-상사-경청'이다. 회의 참석자들이 발언한 내용을 경청하고 계약 조건들을 정확하게 인지하는지를 평가하고 있다. 계약 내용을 볼 때 투자 배급의 수익률에 대한 의견 차이를 좁히지 못하고 결국 대출과 이자 상환의 방식으로 결정되었음을 알 수 있다. ①은 제작사에서 처음에는 홍보비를 포함한 총 제작비를 42억으로 책정했으나 나중에 47억으로 바꾸겠다고 했으므로 적절하지 않다. ③의 경우 협상 결과를 생각하면 배급사에서 2억을 대출해주는 형태이므로 제작 및 홍보비에 2억이 포함되어 손익분기점은 160만 명이 된다. 또한 같은 관객 수라도 추가 비용 설정 단위를 어떻게 하느냐에 따라 비용이 다르게 발생하는 문제로 갈등이 있었기 때문에 ④와 같은 진술도 적절하지 않다. 따라서 정답은 ②다.

06 이 문항의 3요소는 '협력-상사-언어 구사'다. 자신이 이해한 협상 결과가 정확한지를 상사에게 질문하는 능력을 평가하려는 것이다. 협상에서 언급된 내용을 종합하면 2억 원을 빌려주는 형식으로, 손익분기점인 160만 명의 관객을 초과할 경우 1만 명 관객 당 20만 원씩을 이자로 받기로 한 것이다. 그리고 이자는 6천만 원을 초과하지 않는 범위로 하는 대신 500만 명 관객이 넘을 경우 추가 인센티브를 지급하는 것으로 결정되었다. 따라서 정답은 ④다.

07 이 문항의 3요소는 '정보 전달-공공기관(전문가)-경청'으로, 상대방이 전달한 내용을 제대로 이해했는가를 평가하려는 것이다. 자신의 법적 권리를 질문하는 공적인 대화의 경우 상대방의 설명 속에 담긴 정보를 정확히 이해하는 능력이 필요하다. 변호사의 설명으로 볼 때 사진작가의 사진 원판과 이미지 파일에는 저작권이 있음을 알 수 있다. 이에 따라 저작권을 침해당한 사진작가는 손해를 배상받을 권리가 있다. 따라서 사진작가는 자신의 저작물을 무단으로 사용해 얻은 수익금에 대해 배상을 청구할 수 있다. 회사는 사진에 대한 소유권이 있기 때문에 작가가 사진을 돌려 달라고 요구할 수는 없다(①). 변호사의 말에 따르면 직무자가 받은 사진 원판과 이미지 파일의 저작료는 카탈로그 제작에 한정된 것이었기 때문에 다른 저작물 제작을 위한 이미지 제작 상당의 금액을 배상받을 수 있다고 했다. 회사는 계약에 따라 사진작가의 사진과 이미지 파일을 상품 카탈로그 제작에는 사용할 수 있다(③). 변호사는 발생한 수익의 일부를 요구하는 것과 관련된 배상 가능성을 언급한 바가 없다(④). 따라서 정답은 ②다.

08 이 문항의 3요소는 '정보 전달-협력 업체-언어 구사'다. 구두 질문을 통해 업무 연락 이메일 내용의 부족한 정보를 확인할 수 있는가를 평가하고 있다. 이메일 발신자는 직무 환경 개선 컨설팅의 방문 횟수, 방문 부서 범위 등을 결정하기 위한 자료를 요청하고 있다. 그런데 산업보건협회가 제공하는 컨설팅의 유료 여부 및 비용의 규모 등에 대한 정보가 이메일에 없기 때문에 이를 확인할 필요가 있다. 방문 서비스가 제한적인지에 대해서는 위 자료에서 확인할 수 없다(①). 안전 교육이 포함되는 것에 대해서는 이미 지난 회의에서 양측이 합의하고 있다고 볼 수 있으므로 안전 교육 포함의 이유 또는 그것이 어떤 집단의 요구에 따른 것이었는지 확인할 필요는 없다(③, ④). 따라서 정답은 ②다.

09 이 문항의 3요소는 '협력-동료-언어 구사'로, 회의에서 논의된 주된 내용을 올바르게 파악하고 있는지를 평가하고 있다. 회의록에 따르면, 신상품개발부가 신상품 개발 비용의 절감과 시간 단축을 위해 협조 요청을 한 것은 마케팅부다. 그 외 신상품 개발 비용은 기획조정실에서 조절하기로 했으며(①), 생산개발부는 내년 상반기에 발매할 예정인 신상품 ○○○의 생산에 대한 설명과 디자인에 대한 논의 등을 소개했다(②). 또한 고추장 공장의 체험학습장 설치는 마케팅사업부에서 추진하기로 했음을 확인할 수 있다(③). 따라서 정답은 ④다.

10 이 문항의 3요소는 '설득-상사-언어 구사'다. 구두 건의를 통해 상사를 설득하기 위해 갖춰야 할 말하기 요건을 잘 이해하고 있는지를 평가하는 것이다. 설득을 위한 말하기에서는 자신이 말하고자 하는 주제를 분명히 제시한 후, 기존 제도의 문제점을 구체적으로 제시해 설득력을 갖춰야 한다. 곧 기존의 일

괄 채용 방식이 조직 내에서 어떤 문제점을 가지고 있는지를 말해야 한다. 그런데 A는 채용 문화를 선도하지 못하고 있는 것을 문제점으로 지적하고 있어 부적절하다. 신규 직원의 지역별 채용 제도 도입이라는 주제를 제안한 것(①)은 적절하며, 해결책으로 지역발전본부 단위로 필요한 인원을 충원하는 방식(③)을 제시한 것도 바람직하다. 이런 새로운 제도 시행을 통해 직원들의 만족도가 올라가고 스트레스 문제가 해결될 수 있다는 기대효과(④)도 적절하다. 따라서 정답은 ②다.

11 이 문항의 3요소는 '정보 전달(지시)-상사-문서 이해' 다. 글로 표현된 상사의 지시 사항을 잘 이행할 수 있는가를 평가하고 있다. 상사인 김 과장은 입찰 공고 전 입찰 공고문과 제안 요청서가 지난 회의 내용에 맞게 작성되었는지를 검토하도록 지시하고 있다. 따라서 지난 회의에서 강조한 SNS 홍보에 대한 요구 내용이 제안 요청서에 명시적으로 제시되어 있는지를 확인하는 것은 김 과장의 지시에 부합하는 행동이다. ①, ②는 김 과장이 지시하지 않은 사항이다. 아직 입찰 공고를 하지 않은 상황이기에 입찰 참가자들의 제안서는 아직 받지 않았을 것이다. 그러므로 ④는 현 단계에서 수행할 수 없는 내용이다. 따라서 정답은 ③이다.

12 이 문항의 3요소는 '정보 전달-고객-문서 이해' 다. 고객이 채용 시 전공에 제한을 두는 것이 고용정책기본법에 위배되는 것이 아닌지를 질의했다는 점을 고려하자. A는 ④와 같이 해당 사항이 고용정책기본법에 위배되는지 여부를 확인해야 한다고 볼 수 있다. 근무 성적 평가와 태도 평가가 개별의 것인지를 질문했을 뿐 기회 균등 보장 원칙에 부합되는지에 대해선 질의하지 않았다(①). '태도' 항목 평가가 고용정책기본법에 위배되는지 여부를 질문한 것도 아니다(②). 또한 회사 내규상 관련 학과 학생들에게 별도의 채용 할당을 두는지에 대해서는 질의서에서 확인할 수 없다(③). 따라서 정답은 ④다.

13 이 문항의 3요소는 '정보 전달-공공기관-문서 이해' 다. 제시된 슬라이드를 보면 '새로운 앱 개발 덕분에 스마트폰을 통한 고속도로 관련 제반 서비스 이용이 가능해졌다는 점' 과, '미납 요금과 관련된 기능도 확대될 예정이라는 점' 을 알 수 있다. 앱을 통해서 상담사와 음성 통화도 가능하다(①). 상담사를 통하지 않고 미납 요금을 확인할 수 있는 서비스는 아직 도입되지 않았다(②). '사고 제보/긴급견인서비스' 를 선택하면 교통 센터 상황실이나 인근 지사 상황실로 연결된다(④). 따라서 정답은 ③이다.

14 이 문항의 3요소는 '협력-협력 업체-문서 이해' 로, 협력 업체와의 상품매매계약서의 구체적인 내용을 이해했는지를 평가하고 있다. 제2조에서 '을' 은 '상품을 인도받은 후 1개월 이내에 잔금을 일괄 지불한다' 는 것을 알 수 있다. '일괄' 이란 낱낱의 것을 하나로 묶는다는 뜻이다. 곧 탑업도매는 물품 대금 잔금을 한 번에 지급하기로 약속했기 때문에 OO제조사는 잔금을 몇 번에 나눠 받는 것이 아니다. 제5조에서는 인도일 1개월 전까지 시제품을 제공해 성능을 증명해야 함을 명시하고 있다(①). 제6조에서는 6개월 동안 품질과 성능을 보증하고 을 측의 과실이 아닌 자연스러운 고장에 대해서는 갑이 무상으로 교환해 줄 의무를 진다고 명시하고 있다(②). 제7조에서는 '을' 이 매매 대금을 지불하지 않았을 때 계약이 해제된다는 점과, 이 경우 갑이 그 이외의 손해배상금으로 계약금을 취득할 수 있음을 명시하고 있다(④). 따라서 정답은 ③이다.

15 이 문항의 3요소는 '정보 전달-공공기관-문서 이해' 로, 공공기관의 공지문의 내용을 제대로 이해했는가를 평가하고 있다. 8)의 유의사항에서 '본 사업은 전문가에 의한 시설물 기본 점검으로 정밀 안전진단은 아닙니다' 라고 밝히고 있다. 따라서 복지관의 정밀 안전점검이라 받아들인 것은 잘못이다. 2의 2)에서 안전 진단 대상은 전국 사회복지기관 70개소 내외로 국한한다 했으므로 진단 대상에 포함되기 위해서는 신청서를 잘 작성할 필요가 있다(①). 1의 2)에서 시설 개·보수 및 기능 보강 예산 신청 시 안전 진단 결과 리포트를 참고 자료로 활용한다 했으므로 예산 확보에 도움이 될 수 있다(②). 2의 3)-다에서 '정부 지원 종사자 단체상해 등 공제보험 가입 기관은 우대한다' 고 했다(④). 따라서 정답은 ③이다.

16 이 문항의 3요소는 '협력-협력 업체-문서 이해' 다. 협력 업체와 체결한 계약서의 내용에 따라 필요한 조치를 할 수 있는가를 평가하고 있다. 제4조의 (가)항을 보면 갑과 을은 교육 개시일 전에 위탁교육 계약서를 상호 체결하며 계약서 사본 1부를 고용노동부에 제출하기로 되어 있다. 교육 훈련 개시일이 4월 1일인 만큼 위탁교육 계약서는 4월 1일 이전에 고용노동부에 제출해야 한다. 고용보험 환급은 개인이 아니라 법인만 가능하기 때문에 직원이 신청할 수 없다(①). 환급금은 교육과정을 수료한 후 관할 노동청에 교육비 영수증을 첨부해 제출하면 되기 때문에 수료증은 필요하지 않다(③). 환급금 신청은 '갑'인 틴업 기획의 관할 노동청에 하는 것이므로 '을'인 (주)○○광고의 관할 노동청 소재를 확인할 필요는 없다(④). 따라서 정답은 ②다.

17 이 문항의 3요소는 '정보 전달-고객-문서 작성' 이다. 제품을 사용하는 고객들에게 안내할 다운재킷의 제품을 설명하는 '문서 작성' 시, 이해하기 쉬우면서도 어법에 맞게 정확한 표현을 사용할 수 있는지를 평가한다. '잠그다' 는 '잠그고(①), 잠그니, 잠가' 로 활용한다. 그리고 '담그다' 는 담그고, 담그니, 담가' 등으로 활용하므로 '담궈' 는 '담가' 의 잘못된 표기다. '해어지지' 는 닳아서 떨어지다는 뜻을 지닌 '해어지다' 의 활용형이다(③). '두들겨' 는 '소리가 나도록 잇따라 세게 치거나 때리다' 는 뜻을 지닌 '두들기다' 의 활용형인 '두들기어' 의 준말이다(④). 따라서 정답은 ②다.

18 이 문항의 3요소는 '설득(요청)-상사-문서 이해' 다. 상사가 직무자에게 의자 활용도를 판단한 후 처리해 달라 요청하고 있다. 업무 매뉴얼 또는 지침이 나타난 '문서를 이해' 하는 데 있어서, 그 어휘를 정확하게 알고 이를 바탕으로 업무를 제대로 처리할 수 있는가를 평가하고 있다. 직원 A는 이 탁자는 아직 쓸 만하지만, 현재 딱히 쓸 곳이 없기 때문에 인근 도서관에 무상으로 넘기겠다는 판단을 하고 있다. 이렇게 자기의 소유를 남에게 건네주는 것은 '양여(讓與)' 다. '매각' 은 돈을 받고 (물건 따위를) 넘기는 것이다(①). '폐기' 는 못 쓰게 되거나 필요가 없어진 물건을 아주 버리는 것이다(③). '해체' 는 여러 가지 부속으로 맞춰진 기계 따위를 작은 부분으로 나누거나 분리하는 것이다(④). 따라서 정답은 ②다.

19 이 문항의 3요소는 '설득-상사-문서 작성'으로, 보도자료를 바탕으로 업무 수행에 필요한 문서인 점검표를 작성할 수 있는지를 평가하고 있다. '나. 소비자 유의 사항' 의 둘째 항목 끝부분에서는 '반품 수수료 등을 사전에 고지하는지 여부를 확인' 해야 한다고 했을 뿐, 수수료가 국내 업체와 유사한 수준인지에 대한 언급은 없다. 소비자 유의 사항의 셋째 항목에서는 가급적 신용카드 할부 결제를 이용하고(①), 소비자 피해 보상 보험' 가입 여부 등을 확인하기(②)를 권하고 있다. 그리고 전자 제품의 경우 국내에서 사용하는 전압, 주파수 등 규격 등을 반드시 확인해야 한다고 마지막 부분에서 설명하고 있다(③). 따라서 정답은 ④다.

20 이 문항의 3요소는 '정보 전달-상사-문서 작성' 이다. 상사의 요청에 따라 개인정보 보호와 관련된 기사를 읽고 주요 내용을 압축하고 요약할 수 있는가를 평가하려는 것이다. 이 문항의 초점은 특정 변화를 기점으로 이전과 이후에 무엇이 어떻게 달라지는지를 요약하는 데 있다. 제도나 법령의 변화는 직무에서 가장 유의해야 할 사항이며, 각 사안에 대해 개정 전과 개정 후의 내용을 비교해 한눈에 들어오도록 정리하는 능력은 매우 중요하다. 기사에 제시된 개인정보보호법의 개정 사항 중 주요 내용은 크게 4가지로 요약할 수 있다.

먼저 개인정보 유출에 대한 피해 보상이 피해자를 보호하는 방향으로 바뀌었다. 지금까지는 '피해자가 자신의 피해 사실을 입증할 경우에만 보상' 이 가능했지만, 개정안에서는 '피해자가 피해액을 직접 산정하지 않아도 법원이 법령에 규정된 손해액을 기준으로 최대 300만 원까지 손해배상' 을 받을 수 있도록 했다. 개인정보 유출 기관 및 사업자에 대한 처벌 규정도 도입되었다. 과거에는 이에 대한 명확한 규정이 없었지만, 개정안에서는 '악의적 행위에 대한 징벌의 의미로 손해액의 최대 3배까지 배상하는 징벌적 손해배상제' 가 도입되었다. 개인정보 침해 관련 사범에 대한 처벌도 강화되었다. 과거에는 '개인정보를 불법적으로 취득한 후 이를 영리 목적으로 유통한 사람에게 5년 이하 징역 또는 5천만 원 이하 벌금'에 처했지만, 개정 후에는 '10년 이하 징역 또는 1억 원 이하 벌금형'으로 처벌 수위를 높였다.

마지막으로 개인정보보호위원회의 역할이 강화되었다. 과거 행자부가 수행하던 개인정보 분쟁 조정, 기본 계획 수립 등의 기능이 개인정보보호위원회로 이관되었다. 이에 따라 개인정보보호위원회는 개인정보 분쟁 조정 및 기본 계획을 수립할 권한을 갖게 되었으며 개인정보보호 정책 및 제도에 대한 개선과 이행 여부, 개인정보 침해 요인을 분석하고 평가해 개선을 권고할 수 있는 기능도 수행하게 되었다. 따라서 정답은 다음과 같다.

주요 내용	개정 전	개정 후
개인정보 유출 피해 보상	피해자가 민사소송을 통해 피해 입증할 경우에만 보상	법정 손해배상제 도입에 따라 최대 300만 원 배상
개인정보 유출 기관 및 사업자 처벌 규정		손해액의 최대 3배까지 배상
개인정보 침해 관련 사법 처벌	5년 이하 징역 또는 5천만 원 이하의 벌금형	10년 이하 징역 또는 1억 원 이하 벌금형
개인정보보호위원회 역할 강화	행자부가 개인정보 분쟁 조정, 기본 계획 수립 수행	개인정보보호위원회에 다음 기능 및 권한 이관 - 개인정보 분쟁 조정, 기본 계획 수립 - 관계 기관에 개인정보보호 관련 정책 및 제도에 대한 개선 권고 및 이행 여부 점검 - 개인정보 법령 제정 및 개정 시 개인정보 침해 요인 분석 및 평가하며 개선을 권고

직무 기반 수리능력 진단

01 이 문항의 3요소는 사람−최적 솔루션 도출−기초통계다. 문항은 표에 제시된 정보를 이용해 개인별 평균을 산출한 후 평균 점수가 가장 높은 사람을 선정할 수 있는지를 평가하고 있다. 직무자는 현재 S, A, B, C로 나타나 있는 영업 실적 성적을 숫자로 바꿔 근무 분기를 고려한 개인별 평균 점수를 구해야 한다. 평균을 산출하는 공식을 적용해 직원별 평균을 내보면 다음과 같다.

김○○: (9+10+7+9)/4=8.75점
안○○: (4+10+9+7)/4=7.50점
문○○: (9+9+9+4)/4=7.75점
최○○: (9+9+7)/3=8.33점

이 중 가장 높은 점수를 받은 직원은 김○○이다. 따라서 정답은 ①이다.

02 이 문항의 3요소는 사람−최적 솔루션 도출−기초통계다. 자신이 알고자 하는 정보로 도출하는 데 필요한 데이터는 무엇인지를 파악하는 능력과, 주어진 데이터를 활용해 과제 해결에 필요한 정보를 도출하는 능력을 평가하려는 것이다. 이 문항을 해결하기 위해서는 먼저 자료에 제시된 데이터를 만족 비율로 변환할 필요가 있으며, 이를 공식으로 나타내면 '만족 비율=만족에 응답한 직원의 수/총 설문조사 인원×100'이 된다. 각 공장의 설문조사 결과를 이 공식에 대입해보면 다음과 같다.

공장A의 만족 비율=68/98=약 69%
공장B의 만족 비율=73/108=약 68%
공장C의 만족 비율=46/64=약 72%
공장D의 만족 비율=90/125=72%

이 결과로 보면 만족 비율이 70% 이상인 공장은 공장C, 공장D임을 알 수 있다. 따라서 표의 격려금 지원 대상 공장은 '공장C와 공장D' 그리고 만족 비율은 두 공장 모두 '72'로 표기되어야 한다.

격려금 지원 대상 공장	근무자 만족 비율(%, 반올림)
공장C	72
공장D	72

03 이 문항의 3요소는 사람−도식화−도표작성으로, 자료를 그래프로 변환해 자료에 내포되어 있는 의미를 표현할 수 있는지를 평가하는 문항이다. ①의 그래프는 요일별로 구분되어 각 시간대별로 어느 요일의

유동인구가 가장 많은지를 나타냈다. ②의 그래프는 시간대별 차이가 더 두드러진다. ③은 9시 시간대의 유동인구가 토요일을 제외하고는 잘 나타나지 않는다. ④의 그래프를 통해서는 8시 시간대의 유동인구가 전체적으로 많다는 것을 알 수가 있지만, 각 요일별로는 한눈에 보기 어렵다. 따라서 정답은 ①이다.

04 이 문항의 3요소는 사람-해석-도표분석으로, 제시된 도표에 담긴 정보를 해석하는 능력을 평가하는 문항이다. S시 인구수는 시도 간 순이동에서 나타나는데 시도 간 순이동이 가장 높은 때는 2015년 2월이다(①). S시 내에서의 인구 이동은 2014년 12월까지 증가 추세이다가 감소 추세로 돌아섰다(②). 인구에 대한 표로 S시 전입 가구 수의 증감에 대해서는 알 수 없다(④). 따라서 정답은 ③이다.

05 이 문항의 3요소는 시간-최적 솔루션 도출-기초연산으로, 제시된 상황에서 적절한 시기를 도출할 수 있는가를 평가하고 있다. n을 반감기의 횟수라 했을 때, 요오드-131이 법정 제한치를 넘지 않는 수준이 되기 위한 반감기의 횟수를 구하면,

$$500 \times 4096 \times \frac{1}{2n} \leq 500$$
$$4096 \leq 2n$$
$$\log_2 2^{12} \leq n$$
$$12 \leq n$$

따라서 12번 이상의 반감기가 존재해야 하며, 일수로는 96일 이상이 지나야 관광이 재개될 수 있다. 4월과 6월은 30일, 5월은 31일까지 있으므로 가장 빠른 재개 가능일은 7월 29일 이후다. 따라서 정답은 ②다.

06 이 문항의 3요소는 시간-최적 솔루션 도출-기초연산이다. 업무 처리 시 시차를 고려해 요청 사항을 해결하는 능력을 평가하려는 것이다. 서울이 파리보다 8시간 더 빠르기 때문에 김지원 과장이 메일을 보낸 파리 현지 시간은 3월 28일 오후 7시다. 김지원 과장이 계약서를 검토하려 하는 시간은 파리 현지 시간으로는 3월 30일 오전 10시이고, 서머타임 적용으로 인해 서울 시간으로는 3월 30일 오후 5시다. A는 김지원 과장이 정한 마감 시간 10분 전에 메일을 보내려 하므로, 서울 시간으로 3월 30일 오후 4시 50분에는 메일을 발송해야 한다. A가 3월 30일 오전 9시에 메일을 확인했으니 메일 확인 후 계약서를 작성할 수 있는 최대 시간은 오전 9시~오후 4시 50분까지 총 7시간 50분이다. 따라서 정답은 ②다.

07 이 문항의 3요소는 시간-도식화-도표작성으로, 제시된 내용에 따라 표를 정확하게 작성하는 능력을 평가하는 문항이다. 제시된 내용에 따르면 김진영은 8월 3일부터 8월 6일, 최현진은 8월 10일부터 8월 13일, 이민식은 8월 17일부터 8월 20일, 박영우는 8월 26일부터 8월 29일, 그리고 장철호는 8월 21일부터 8월 25일까지 휴가 기간이다. 따라서 최현진은 8월 6일부터 8월 10일이 아니라, 8월 10일부터 8월 13일로 업데이트해야한다. 그러므로 정답은 ①이다.

08 이 문항의 3요소는 시간-해석-도표분석으로, 제시된 공사 일정의 의미를 해석하는 능력을 평가하고 있다. 미장공사는 지난주 월요일에 시작했는데 도표를 보면 지난주는 5월 넷째 주에 해당한다. 따라서 다음 주는 6월 둘째 주이므로 다음 주 금요일에 미장 작업을 할 곳은 1층이다. 따라서 정답은 ②다.

09 이 문항의 3요소는 공간-최적 솔루션 도출-기초연산이다. 공간의 면적과 책상 배치에 필요한 공간 정보를 이용해 한 번에 수용할 수 있는 최대 인원수를 계산하는 능력을 평가하고 있다. 책상은 강사 테이블과 스크린이 있는 방향으로 일렬로 정렬해야 한다. 책상 배치 시 최소 필요 공간으로 대회의실의 길이를 나누면 가로는 첫줄은 5개에서 시작해 마지막 줄은 7개까지, 세로는 5개까지 책상 배치가 가능하다는 것을 알 수 있다. 책상은 자연수로 계산되어야 하며, 첫줄을 제외하고 둘째 줄과 셋째 줄에는 6개, 넷째 줄과

마지막 줄에는 7개까지 배치할 수 있다. 이를 계산하면 총 31개의 책상까지 배치할 수 있다. 하나의 책상에는 2명이 앉을 수 있으므로 62명까지 수용 가능하다. 따라서 정답은 ③이다.

10 이 문항의 3요소는 공간–도식화–도표작성이다. 완성된 모습을 통해 부분(페이지)을 역으로 탐색해 배열하며, 종이를 인쇄 후 접을 때 겉면과 안쪽 면에 배치될 페이지들이 어떤 것인지를 찾아내는 능력을 평가하고 있다. 관광지도가 어떻게 접혀 있는지를 거꾸로 탐색해보면 접혀 있는 부분은 반대로 인쇄되어야 하기 때문에 C와 D는 일반적인 좌→우 방향이 아니라, 우→좌로 글씨가 배치되어야 한다. 또한 접혀져 있는 뒷면이 B이고 정면이 A가 되어야 한다. 따라서 정답은 ③이다.

11 이 문항의 3요소는 공간–해석/추론–도표분석으로, 지도를 읽고 해석하는 능력을 평가하고 있다. 제시된 지도에서 현재 고객의 위치는 D은행 앞이다. 여기에서 경기역 1번 출구 앞 삼거리에서 우회전을 해서 직진하면 또 다른 삼거리가 나오며(①), 또는 계속 직진해 나오는 삼거리에서 왼쪽으로 계속 가면 F문화원이 나온다(②). 경기역 1번 출구 앞 삼거리에서 오른쪽으로 꺾어 직진하면 또다시 삼거리가 나오는데, 거기서 오른쪽으로 다시 꺾으면 B초등학교가 보인다(④). 따라서 공사까지 가는 길을 바르게 안내한 선택지는 ③이다.

12 이 문항의 3요소는 상품/자재–최적 솔루션 도출–기초연산이다. 직무자가 제시된 단가, 예상 판매량, 현재 재고 데이터로부터 부족한 재고량을 파악하고 총 구입비를 산출하는 능력을 갖추고 있는지를 평가하기 위한 문항이다. 직무자는 먼저 부족한 제품의 수량, 즉 추가 구매가 필요한 제품의 수량을 예측해야 하는데, 이는 전년 동월 판매량에서 현재 재고량을 뺌으로써 알 수 있다. 이를 통해 추가 구입이 필요한 제품은 키보드(SH-1320) 46개, 키보드(TW-3375) 17개, 마우스(LTG138) 32개, 마우스(RS-31) 21개임을 알 수 있다. 따라서 수량에 순서대로 46, 17, 32, 21을 기입해야 한다. 각 물품의 단가는 순서대로 12,000(원), 27,100(원), 22,000(원), 10,000(원)을 기입해야 하며, 이에 따라 금액 계산은 다음과 같다.

키보드(SH-1320): 46개×12,000=552,000
키보드(TW-3375): 17개×27,100=460,700
마우스(LTG138): 32개×22,000=704,000
마우스(RS-31): 21개×10,000=210,000

이 물품들의 총액은 1,926,700이다. 따라서 정답은 다음 표와 같다.

품번	품 명	규 격	단 위	수 량	단 가	금 액
1	키보드(SH-1320)		대	46	12,000	552,000
2	키보드(TW-3375)		대	17	27,100	460,700
3	마우스(LTG138)		대	32	22,000	704,000
4	마우스(RS-31)		대	21	10,000	210,000
합계				₩		1,926,700

13 이 문항의 3요소는 상품/자재–최적 솔루션 도출–기초통계이다. 인터넷 포털 사이트의 광고 단가를 통해 각각의 총액을 계산할 뿐 아니라, 단위당 가격까지 고려할 수 있는 능력을 평가하려는 것이다. 광고별 총액을 계산하면, M포털의 디스플레이 광고는 25,340,000원, 배너 광고는 20,350,000원이다. K포털의 디스플레이 광고는 25,600,000원, 배너 광고는 21,090,000원이다. 예산이 21,000,000원임을 감안할 때 이 예산 범위 내의 광고는 M포털의 배너 광고뿐이다. 따라서 정답은 ③이다.

14 이 문항의 3요소는 상품/자재-도식화-도표작성으로 기사 내용을 요약해 만들어진 도표를 수정하는 능력을 평가하는 문항이다. 엔화가 약세를 보이면 동일한 원화로 일본에서 더 많은 수량을 수입할 수 있다. 이 경우 공급이 증가할 수 있으므로 공급 곡선을 우측으로 이동시켜야 한다. 반면 국내 수요에 변화를 미치는 요소는 엔화 약세를 통해 나타나지 않기 때문에 정답은 공급 곡선이 우측으로 이동한 ① 번 곡선이다.

15 이 문항의 3요소는 상품-해석-도표분석으로, 그래프를 통해 정보를 분석하는 능력을 평가하고 있다. 2012년부터 매월 약 100건 이상 주방 화재가 꾸준히 발생하고 있다(①). 9월, 10월에 가장 많이 발생하는 주방 화재를 예방하기 위해서는 미리 여름부터 조리기구 화재 점검을 해야 한다(③). 또한 매년 주방 화재는 증가하고 있으며 주방이라는 공간적 특성상 주부들이 많이 사용할 가능성이 높으므로, 주부들을 대상으로 주방 화재 예방 방법에 대해 안내해야 한다(④). 그러나 주방 화재는 여름(6, 7, 8월)보다 봄, 겨울에 적은 편이다. 그러므로 정답은 ②다.

16 이 문항의 3요소는 상품-추론-도표분석으로 자료에 제시된 자료의 구조와 특성을 이해하고, 자료에 제시된 정보를 정확하게 파악하는 능력과 함께 특정한 패턴이나 추이를 찾아내는 능력을 평가하는 문항이다. 영화 산업의 경우 전 분기에 비해 감소했으나 2014년의 추세를 보면 1분기에 비해 2분기에 크게 증가했고, 2014년 동기와 비교했을 때에도 증가한 것으로 나타났다. 따라서 2015년 2분기의 추세를 예측하기 어렵다(①). 애니/캐릭터 산업은 전분기에 비해서는 크게 매출액이 증가했으나, 2014년의 추이를 보면 2분기에 크게 감소했으므로 다음 분기에 증가할 것이라 예측하기 어렵다(③). 인터넷 포털 산업의 매출액은 전분기에 비해 줄어들었으나, 전년 동기 대비 증가했고, 분기별로 증감이 불규칙적으로 일어나므로 다음 분기에 증가할지 감소할지를 예측하기 어렵다(④). 따라서 정답은 ②다.

직무 기반 문제해결능력 진단

01 이 문제의 3요소는 제품/자재–문제인식–정보활용으로, 문제해결을 위해 수집할 정보가 무엇인지 파악하는 능력을 평가하려는 것이다. 상사는 일단 전자칠판이라고 제품 종류를 분명히 했으며, 한 화면에 최소 4페이지를 담을 수 있어야 하므로 화면 수를 4페이지, 5페이지 모두 체크해야 한다. 컬러인쇄 옵션이 있으면 좋다고 했기 때문에 컬러인쇄에, 그리고 USB 파일을 실행할 수 있어야 하며 프린터 호환이 가능해야 한다. 따라서 정답은 아래와 같다.

제품 종류	☐OHP	☑ 전자칠판	☐실물화상기	
램프 종류	☐EVD	☐FNT	☐Metal Halide	
렌즈 형태	☐전동 줌	☐2겹	☐3겹	
해상도	☐768 · 494	☐1280 · 1024	☐2048 · 1536	
화면 수	☐1페이지	☐2페이지	☑ 4페이지	☑ 5페이지
출력 방식	☐흑백인쇄	☑ 컬러인쇄		
주요 기능	☑USB	☐데이터 출력	☑ 프린터 호환	☐캡처 기능

02 이 문제의 3요소는 사람/조직–실행–조직이해로, 매뉴얼을 이해하고 활용하는 능력을 평가하려는 것이다. 매뉴얼에 따르면 결재선을 신규 등록하려면 일단 결재선에 원하는 사항을 입력하고(㉠) 결재선 신규 등록을 클릭해야 한다(㉣). 그리고 모두 승인자이기 때문에 승인자를 누르고(㉠) 승인자들 중 결재 순서 (하→상)로 선택해야 한다. 정보기기 구입 결재라인의 승인자들 순서는 김행정(㉯), 최교무(㉰), 박교감 (㉳), 정교장(㉢)이다. 이 순서로 클릭한 후 상단의 협조자를 클릭하고(㉡), 협조자에 해당하는 교육정보부 장인 전정보(㉤)를 눌러야 한다. 마지막으로 결재선 저장 버튼을 클릭하면 된다(㉥). 따라서 정답은 ②다.

03 이 문제의 3요소는 사람/조직–실행–조직이해다. 주어진 절차를 활용해 문제를 해결하는 능력을 평가하고 있다. 결재선에는 승인자와 협조자가 포함되어 있는데 현재 해결해야 할 과제는 협조자에 관한 것이다. 매뉴얼에 따르면 지정된 결재선의 협조자를 변경하려면 먼저 해당 결재선에서 삭제할 협조자를 선택한 후(㉠), 협조자 삭제 버튼을 눌러야 한다(㉯). 다음 과제는 새로운 교육정보부장으로 이정보를 승인자로 등록하는 것이다. 매뉴의 협조자 버튼을 클릭(㉡)하고, 명단의 이정보를 선택한 뒤(㉢), 결재선 저장을 해야 한다(㉺). 따라서 정답은 ③이다.

04 이 문제의 3요소는 제품/자재–문제인식–기술활용으로, 엑셀 프로그램의 기능을 활용해 정보를 찾는 능력을 평가하고 있다. 이영희 고객의 주문 정보를 찾는 방법으로 먼저 이름을 가나다순으로 정렬한 뒤 이영희 고객을 찾을 수 있다. 그리고 찾기 및 선택을 통해 이영희라는 이름을 입력해 검색할 수도 있다. 또한 필터를 설정한 후 성명 칼럼을 끌어당겨 이영희라는 이름을 찾을 수도 있다. 하이퍼 링크는 웹주소나

파일, 개체 등을 동 엑셀 파일과 연결하기 위한 기능으로 이영희 고객의 정보를 찾는 데 도움이 되지 않는다. 따라서 정답은 ④다.

05 이 문제의 3요소는 제품/자재-문제인식-정보활용으로, 문제의 원인을 파악하는 능력을 평가하고 있다. 이영희 고객의 온라인 주문 내역과 운송장 출력을 위한 엑셀 파일을 살펴보면 이영희 고객의 품목과 사이즈, 그리고 수량이 첫 번째 행의 이영아 고객의 것과 일치한다는 것을 알 수 있다. 즉 이영희 고객의 주문 내용을 엑셀 파일의 이영아 고객 옆에 붙여 넣었기 때문에 발생한 문제로 볼 수 있다. 따라서 정답은 ④다.

06 이 문제의 3요소는 제품/자재-대안 탐색-정보활용이다. 현재 문제 상황을 해결하기 위해 가장 적절한 대안을 찾는 능력을 평가하고 있다. 현재 발생한 문제는 이영희 고객의 사례에서 가장 먼저 드러나기는 했지만, 이영희 고객 한 사람의 문제가 아닌 전체 배송 오류에 관한 것이다. 주문 정보와 운송장 정보를 비교하는 과정에서 이영희 고객에게 이러한 문제가 발생한 원인을 제대로 파악했다면 배송 오류가 다른 고객에게도 발생했을 개연성을 고려할 수 있어야 한다. 130명이 넘는 고객에게 일일이 전화를 걸어 회사로부터 어떤 제품을 받았는지 문의를 하는 것은 효과나 효율성 면에서 좋지 않은 대안이다(①). 이영아 고객의 경우 주문 내역과 동일한 상품이 발송되었으니 전화를 할 필요가 없다(④). 이영희 고객의 경우 회사 측의 실수로 잘못된 상품을 받았으니 기저귀를 당연히 보내줘야 하고, 이와 함께 사은품을 보내어 사과의 마음을 표시하는 것은 바른 대안이라 할 수 있다(③). 그러나 더 효과적인 대안은 두 개의 파일을 꼼꼼히 대조해 유사한 배송 오류가 발견되었을 경우 선제적으로 대응을 하는 것이다. 따라서 정답은 ②다.

07 이 문제의 3요소는 제품/자재-실행-자원활용으로, 발생한 문제를 어떻게 해결하는지, 즉 실행 능력을 평가하려는 것이다. 상품을 재발송하기 위해서는 먼저 엑셀 파일을 수정한 후 운송장 스티커를 다시 출력해야 한다(②). 더불어 고객에게는 사과를 한 후 상품을 교환하는 조치를 취해야 하며(①), 이에 따라 택배회사에는 주문 내역에 맞게 제품을 다시 발송해주고 먼저 보냈던 상품을 수거해달라 요청해야 한다(④). 그러나 택배회사가 잘못한 것이 아니기 때문에 택배회사를 변경할 필요는 없다. 따라서 정답은 ③이다.

08 이 문제의 3요소는 제품/자재-평가/일반화-기술활용으로 일단 급한 대로 당면한 문제가 해결된 것에 만족하지 않고, 향후 유사한 문제가 발생하지 않도록 근본적인 대책을 마련하는 능력을 평가하기 위한 문제다. 오류가 발생한 원인은 수기로 정보를 운송장에 옮겨 적었기 때문이다. 이러한 오류가 발생하지 않도록 하기 위해서는 수작업이 아니라 주문 정보를 자동으로 운송장에 뿌려주는 시스템을 갖추는 것이 바람직하다. 고객에게 주문 내역을 알려주거나 고객에게 배송 물품 내역을 알려주는 것은 이에 대한 근본적인 해결책이 아닐 뿐더러 재발 방지에 도움이 되지 않는다(①, ②). 두 파일의 내용을 일일이 대조하는 일만을 위해 인력을 새로 채용하는 것은 가능하기는 하지만 효과적인 대책이 될 수는 없다. 또한 사람이 하는 일에는 그 수의 많고 적음에 관계없이 실수가 발생할 여지가 있다(③). 따라서 정답은 ④다.

09 이 문제의 3요소는 사람/조직&시간-문제인식-자원관리다. 주어진 상황을 파악하는 능력을 평가하고 있다. 팀장은 직무교육 실시를 위해 영업1팀 업무와 관련이 있어야 하되, 일정은 팀 구성원이 전원 참여할 수 있는 날짜로 월요일을 제외한 주중 3일로 하라 지시했다. 이 직무를 해결하기 위해 A가 현재 보유한 정보는 강사별 강의 주제와 강의가 가능한 일정이다. 팀장이 요청대로 일정을 잡기 위해서는 영업1팀 구성원들의 선약이나 외부 업무가 없는 날을 파악해야 한다. 따라서 정답은 ③이다.

10 이 문제의 3요소는 사람/조직-대안 탐색-정보활용이다. 주어진 정보를 종합해 가용한 인적자원을 찾아내는 능력을 평가하려는 것이다. 제시된 표에 따르면 NCS에서 영업판매 직무의 세분류에 해당하는 일반 영업의 능력 단위는 총 10개다. 강사들의 강의 내용 중 고객에게 상품을 판매하는 일반 영업과 가장

관련된 주제는 고객 불만 처리 대응 방안, 고객 설득 및 세일즈 노하우, 영업 계약서 작성 실무의 3가지다. 이 3가지 내용을 강의하는 강사는 각각 박성실, 정열심, 조한열이다. 따라서 정답은 ②다.

11 이 문제의 3요소는 시간-대안 탐색-자원관리로 여러 시간적인 제약 아래서 가능한 날짜를 탐색하는 능력을 평가한다. 교육은 주중에 3일간 진행해야 하기 때문에 주말은 모두 제외해야 한다. 9월 2일부터 4일까지 영업1팀 팀장이 출장을 가기 때문에 첫 번째 주는 대안이 될 수 없다. K대리는 4일부터 7일까지 휴가, C사원은 7일부터 8일까지 연수를 가기 때문에 9월 8일까지는 전원이 다 참여할 수 없다. 그 외에 9월 18일에는 L대리가 참석할 수 없으며, 24일과 25일에는 각각 P과장과 L대리가 참여가 불가능하다. 마지막 주에는 추석으로 인해 주중 3일을 확보할 수 없다. 따라서 주중 3일 이상 가능한 날짜는 9월 9일부터 11일까지, 9월 14일부터 17일까지, 마지막으로 21일부터 23일까지. 이 중 가장 빠른 날짜는 ①이다.

12 이 문제의 3요소는 사람&시간-대안 탐색-자원관리로, 탐색한 여러 대안들 중에서 가장 최적의 대안을 실행하는 능력을 평가하고 있다. 앞 문제에서 정한 날짜는 9월 9일~9월 11일로 1일차 교육은 9월 9일이다. 이날 영업과 관련해 강의가 가능한 강사는 박성실이다. 9월 10일은 박성실과 정열심 2명 모두 가능하며, 9월 11일은 정열심만 강의할 수 있다. 따라서 정답은 ①이다.

13 이 문제의 3요소는 제품/자재5-문제인식-조직이해. 조직이나 교습 프로그램 운영을 위해 정해진 규칙을 따르는 능력을 평가하려는 것이다. 상사는 지난 분기 초급반이 없었던 장르의 경우는 이번에 초급반을 넣어야 한다고 지시했다. 지난 분기 시간표를 살펴보면 룸바, 차차차, 파소도블레는 각각 초급반이 있지만 자이브는 고급반만, 삼바는 중급과 고급반만 있다. 따라서 정답은 ②다.

14 이 문제의 3요소는 사람&시간-문제인식-정보활용이다. 문제해결에 필요한 정보를 정확하게 정리할 수 있는지를 평가하고 있다. 원 자료에는 최미주 강사는 화요일과 금요일만 가능한데 A가 정리한 표에는 화요일과 목요일에 가능한 것으로 나타나 있다. 이를 바르게 수정하지 않으면 향후 시간표를 짜는 데 오류가 발생할 수 있다. 따라서 정답은 ②다.

15 이 문제의 3요소는 사람/조직&시간&제품/자재-대안 탐색-자원관리다. 문제를 해결하기 위한 전략을 수립할 수 있는 능력을 평가하려는 것이다. 장르별 강의 횟수는 시간표를 결정하는 데 있어서 중요하지 않다(①). 장르별 강의 수준의 경우, 지난 분기 초급이 없었던 장르는 초급반을 설정하는 데 필요한 정보이기는 하지만, 다음 단계로서 수준별로 교습이 가능한 강사를 고려할 필요는 없다. 왜냐하면 지문에 제시된 정보에 따르면 강사들은 장르별로 구분되어 있고 수준에 대한 언급은 없는 것으로 봐 전 수준에 대한 교습이 가능한 것으로 추론할 수 있기 때문이다(②). 시간대별 가능한 장르를 첫 번째 기준으로 선정할 경우, 이에 대한 제약 조건이 없어 시간대별 가능한 장르 선택 시 장르별로 가능한 강사가 시간이 안 되면 다시 돌아가야 하므로 적절하지 않다(④). 가장 적절한 기준은 시간대별 강사를 먼저 선택한 뒤, 강사별로 가능한 장르를 선택하는 것이다. 따라서 정답은 ③이다.

16 이 문제의 3요소는 사람&시간, 제품/자재-실행-자원관리다. 문제해결을 위해 복합적인 대상과 각각의 조건을 모두 고려한 프로그램을 만드는 것, 즉 실행하는 능력을 평가하고 있다. 삼바와 자이브는 초급반이, 룸바와 차차차는 중급반이 반드시 있어야 하며 강사들마다 가능한 시간과 장르가 각각 나뉜다. 한명수 강사는 월요일과 금요일 8시부터만 가능한데, ③에서 목요일 9시부터 시작하는 차차차 중급반의 강사를 한명수로 작성했다. 따라서 잘못 작성한 시간표는 ③이다.

주

1 직업기초능력 4개 영역 중 성격 및 가치, 즉 인성에 대한 평가나 함양 방안은 이 책에서 다루지 않는다. 그 이유는 성격과 가치는 개인의 특성에 기인한 것으로 상호 비교나 특정 방향으로의 함양이 바람직하지 않기 때문이다.

2 학자에 따라 의사소통의 목적에 대한 여러 견해와 분류가 존재한다. 박재현·노국향의 구분은 국내외 학자들의 분류를 종합하고, 실제 교육부 주관 직업기초능력평가에 적용된 것으로 그 실용성에 착안해 채택한 것임을 밝힌다.

3 교육부 주관 직업기초능력평가에서는 직무에 수리능력을 활용하는 것을 강조한다는 측면에서 수리활용능력이라는 명칭을 사용하고 있다.

4 수리적 문제해결 대상을 사람/조직, 시간, 공간, 상품/자재의 4개 범주로 분류한 것은 국내 고졸 및 대졸 직무자의 직무분석에 근거한 것이다. 교육부 주관 직업기초능력평가에도 본 분류 체계가 적용되고 있다.

5 제품/자재는 물리적인 상품에 국한된 것이 아니라 조직에서 제공하는 상품으로서의 서비스 및 교육 프로그램 등을 포함하는 개념이다.

참고문헌

● 이무근(1997). 〈직업능력인증제 도입을 위한 정책 연구〉. 교육부 정책연구과제 보고서.

● 정철영, 나승일 서우석, 송병국, 이종성(1998). 〈직업기초능력에 관한 국민공통 기본교육과정 분석〉. 한국직업능력개발원.

● 나승일(2003). 〈기초직업능력의 영역설정과 표준개발 연구〉. 한국산업인력공단.

● 박동열, 최동선, 이용순(2008). 〈전문계 고등학생의 직업기초능력 진단도구 개발〉. 한국직업능력개발원.

● 진미석(2009). 〈대학생 직업기초능력 진단평가 체제 구축〉. 교육과학기술부.

● 이종범, 박동열, 김재겸, 최동우, 이건남, 임경범(2009). 〈직업기초능력 교수학습 프로그램 및 교재 개발〉. 한국직업능력개발원.

● 고용노동부, 한국고용정보원(2012). 〈직업별 요구역량의 변화와 차이: 한국직업정보시스템 재직자 조사를 중심으로〉. 한국고용정보원.

● 박재현, 노국향(2015). 직무 기반 의사소통 능력의 개념적 구조와 평가틀 설계, 〈국어교육〉. 149 29~52.

● 노국향, 신재은, 이명규, 윤수철, 정연재(2012). 〈직업기초능력평가 평가틀〉. ORP Press.

● 노국향, 최인화, 마정수, 이민형(2015). 〈2015 직업기초능력평가 평가틀(업무처리능력군)〉. 교육부, 상공회의소. www.teenup.or.kr/intro/introA-08-00.do?MENU_ID=A-08-00

- 한국산업인력공단(2015). 〈직업기초능력 문제해결능력 학습자 모듈〉. www.ncs.go.kr /ncs/page.do?sk=P1A4_PG09_005 (2015. 3. 17. 자료 얻음.)

- American Educational Research Association, American Psychological Association, National Council on Measurement in Education, Joint Committee on Standards for Educational, & Psychological Testing(US). (1999). *Standards for educational and psychological testing.* Amer Educational Research Assn.

- Bransford, J. D., & Stein, B. S. (1984). The ideal problem solver. A guide for improving thinking, learning, and creativity. *A Series of Books in Psychology, New York: Freeman, 1984, 1.*

- Schacter, D. L., Gilbert, D. T., & Wegner, D. M. (2010). *Psychology, 2nd edition.* New York: Worth Publishers.

- Frensch, P. A., & Funke, J. (Eds.). (2014). *Complex problem solving: The European perspective.* Psychology Press.

- Hayes, J. R. (1989). *Cognitive processes in creativity* (pp. 135-145). Springer US.

- Lovett, M. C. (2002). Problem Solving. *Steven's handbook of experimental psychology.*

- Murray, T. S., Clermont, Y., & Binkley, M. (2005). *Measuring adult literacy and life skills: New frameworks for assessment* (pp. 89-552). Ottawa: Statistics Canada.

- OECD. (2012). PISA 2012 field trial problem solving framework. *www.oecd.org /pisa/pisaproducts/46962005.pdf* (2015. 3. 13. 자료 얻음.)

- OECD. (2012). Literacy, Numeracy and Problem Solving in Technology-Rich Environments: Framework for the OECD Survey of Adult Skills, OECD Publishing. http://www.oecd.org/site/piaac/PIAAC%20Framework%202012--%20Revised%2028oc t2013_ebook.pdf (2014. 12.01. 자료 얻음.)

- Reeff, J. P. (1999). New Assessment Tools for Cross-curricular Competencies in the Domain on Problem Solving. *www. ppsw. rug. nl/~ peschar/TSE. pdf* 2006. (7. 31. 자료 얻음.)

- Robertson, S. I. (1999). *Types of thinking.* Psychology Press.

- Schmidtke, K.(2010). *Tower of Hanoi Problem.* Corsini Encyclopedia of Psychology.

- Schon, D.A. (1983). *The Reflective practitioner: How professionals think in action.* New York, NY: Basic Books.

- VanLehn, K. (1989). *Problem solving and cognitive skill acquisition.* In M. Posner (Ed.), Foundations of cognitive science. Mahwah, NJ: Erlbaum.

NCS 능력 중심 채용을 위한
직업기초능력평가 길라잡이

제1판 1쇄 인쇄 | 2015년 10월 20일
제1판 1쇄 발행 | 2015년 10월 27일

지은이 | 노국향 · 최인화
펴낸이 | 고광철
펴낸곳 | 한국경제신문 한경BP
편집주간 | 전준석
기획 | 이지혜 · 백상아
홍보 | 이진화
마케팅 | 배한일 · 김규형
디자인 | 김홍신

주소 | 서울특별시 중구 청파로 463
기획출판팀 | 02-3604-553~6
영업마케팅팀 | 02-3604-595, 583 FAX | 02-3604-599
H | http://bp.hankyung.com   E | bp@hankyung.com
T | @hankbp   F | www.facebook.com/hankyungbp
등록 | 제 2-315(1967. 5. 15)

ISBN 978-89-475-4041-4   03320